我们一起解决问题

直播带货

让你的流量持续低成本变现

梁宸瑜　曹云露　马英 / 著

人民邮电出版社

北京

图书在版编目（CIP）数据

直播带货：让你的流量持续低成本变现 / 梁宸瑜，
曹云露，马英著. -- 北京：人民邮电出版社，2020.8（2024.5重印）
ISBN 978-7-115-54563-3

Ⅰ. ①直… Ⅱ. ①梁… ②曹… ③马… Ⅲ. ①网络营
销 Ⅳ. ①F713.365.2

中国版本图书馆CIP数据核字（2020）第135370号

内 容 提 要

随着互联网的发展，直播逐渐走入人们的视野，成为互联网生活的新时尚。越来越多的行业与直播结合，越来越多的人入局直播带货。在这种火热的背景下，主播应了解直播带货的发展现状及趋势，掌握开展直播带货的各种方法。

首先，本书以直播带货的现状分析为切入点，对直播带货的发展趋势进行了展望。然后，本书讲解了关于直播带货的多种实用技巧，具体而言包括五个方面：第一，对直播的宣传预热和内容设计技巧；第二，展示直播产品，运用促销法则和福利营销的技巧；第三，消除消费者的犹豫，挖掘其需求的技巧；第四，主播加强自身表现力，与粉丝建立信任关系的技巧；第五，建立社群，精准品牌定位的技巧。总之，本书意在帮助读者对直播带货有更全面的了解，掌握多种方法，少走弯路，轻松从小白成为带货行家。

本书适合销售总监、经理、直播销售人员以及想要进入直播带货行业的人员阅读。

◆ 著　　　　梁宸瑜　曹云露　马　英
　　责任编辑　张国才
　　责任印制　彭志环

◆ 人民邮电出版社出版发行　　北京市丰台区成寿寺路 11 号
　　邮编　100164　　电子邮件　315@ptpress.com.cn
　　网址　https://www.ptpress.com.cn
　　北京七彩京通数码快印有限公司印刷

◆ 开本：700×1000　1/16
　　印张：13.5　　　　　　　　　　　2020 年 8 月第 1 版
　　字数：150 千字　　　　　　　　2024 年 5 月北京第 27 次印刷

定价：59.00 元

读者服务热线：(010)81055656　印装质量热线：(010)81055316
反盗版热线：(010)81055315
广告经营许可证：京东市监广登字 20170147 号

随着通信技术的不断发展，人们的消费需求和消费模式也在不断升级，依托4G网络而生的直播行业与销售行业结合得也越来越紧密，并衍生了直播带货这种全新的销售模式。而随着5G网络的普及，更加高速的网络又将为直播带货行业带来新的生机。

作为线上线下销售的新风口，直播带货的火热发展为销售行业注入了新的活力。直播带货能够为消费者提供更好的购物体验，极大地提高产品销量。因此，越来越多的商家与个人瞄准了这个风口并积极进军，转行做起了主播。

在激烈的市场竞争中，主播应如何开展直播带货？如何吸引更多的粉丝关注？如何运营及留存粉丝？如何提高直播间产品的销量？本书将从直播宣传预热、直播内容设计、产品的展示与营销等方面讲解直播带货的技巧，帮助主播更好地开展直播带货。

在开启直播之前，主播要做好宣传预热，确保直播能够吸引更多消费者的目光。为了达到更好的直播效果，主播也需要提前规划好直播的内容。

产品是直播带货的主体，主播需要掌握产品展示的技巧：在展示产品前，需要做好前期准备工作，明确产品的优缺点及卖点，并安排好产品的介绍顺序；在展示产品时，要抓住消费者的需求，以产品为出发点，讲明产品的优势；在消费者下单环节中，还应掌握必要的报价技巧以促成消费者快速下单。

为了提高产品的销量，主播要学习各种促销法则，纪念式促销、借势促销、时令促销等都是十分有效的促销方法。此外，主播也可以通过福利派送、抽奖等方式刺激消费者快速下单。

直播带货面向的主体是粉丝，主播要深挖粉丝需求，并尽力在直播中满足粉丝的需求。同时，主播还可以通过提升个人表现力来拉动销量增长。

当主播成功开展直播带货并积累一定数量的粉丝后，为了实现销售额持续增长，粉丝的维护和个人品牌的打造就成为主播需要攻克的重点课题。主播要与粉丝建立信任关系，提高粉丝的忠诚度，并且要通过建立社群来运营粉丝。社群运营可以激发粉丝的活跃性，社群的裂变也能够为主播带来更多粉丝。此外，个人品牌的打造也有助于主播进行更深一步的产品推广，提高直播间产品的销量。

当前，直播带货所蕴含的潜力还未被完全挖掘出来，而随着5G的应用和普及，更加快速的网络、更多新技术的应用将推动直播带货行业的变革。因此，在5G时代到来之际，主播一定要抓住直播带货的风口，通过流量的持续变现创造更多收益。

笔者也是通过研究薇娅、李佳琦等头部主播单场过亿的带货直播，深度浸泡200多个小时，在分解直播打法、剥离逻辑后亲身实践100多场抖音直播，打造了一个粉丝超过10万人的抖音账号。

在挖掘直播达人和总结自己的直播带货经验之后，笔者花费2年的时间创作了本书，想把自己在直播实践中的成功经验分享给读者，并总结出关于直播达人在直播带货过程中的一些方法技巧，以便读者阅读本书之后在直播带货中少走弯路。

如果你是创业者，想通过直播带货成为超级主播，实现财富自由；

如果你是微商团队，想通过直播带货转型播商，完成线上一对多的批发式成交；

如果你是品牌商，想让自己的团队、代理商、渠道商通过直播实现品牌家喻户晓；

那就来阅读本书吧！

梁宸瑜

2020 年 7 月 20 日

目 录
CONTENTS

第4章 产品展示：引导消费者接近产品

第5章 消除犹豫：让消费者付款前不纠结

第7章　福利营销：全方位刺激消费者下单

第8章　挖掘需求：粉丝的痛点就是销售的爆点

第9章　表现力：主播的个人表现力决定带货效果

第10章　建立信任关系：提升粉丝对主播的信任度

第11章 建立社群：流量反复利用的秘诀

第12章   品牌定位：打造个人品牌

第1章

直播带货：
线上线下销售新风口

当前，直播带货为销售行业注入了新的活力，成为行业的热点。直播带货让传统电商转变了销售模式，也让线下商家实现了线上销售，推动了线上销售与线下销售的发展，成为线上线下销售的新风口。

直播带货可称得上是大势所趋，经济的发展、通信技术的进步、众多平台的入局都推动了直播带货的发展。资本与技术的支持不仅推动了直播带货当下的发展，还使其拥有了更长久的生命力。

1.1 注入销售行业的新活力

当前，电商消费群体日趋年轻化，消费者对购物体验也提出了更高的要求。直播带货不仅吸引了消费者的关注，而且给消费者带来了更好的购物体验，已经成为电商销售的标配。在这种新兴的销售模式中，主播成为品牌商与消费者之间的连接器。

1.1.1 消费群体年轻化

当前，电商消费群体年轻化已成趋势。随着消费群体规模的不断扩大，年轻人的购买力也在不断增长。市场调研机构艾瑞咨询发布的《2019 年中国 95 后洞察报告》显示，网购已经成为 95 后的日常，60% 以上的 95 后每天都会访问电商平台，而其中的 10% 每天都会在电商平台上下单。在网购人群中，相比其他年龄段的消费群体而言，95 后人口占比最多，对网购的黏性也最高。

95 后的爱好广泛，有的人喜欢追星，有的人喜欢看动漫，但相同的一点是几乎所有 95 后都愿意为爱好付费。《2019 年中国 95 后洞察报告》显示，95 后酷爱追星，也愿意为偶像买单。

由此可见，相对于考虑产品的性价比，年轻消费群体在购物时更关注自己的喜好。因此，能够吸引年轻消费群体的产品才更能够激发他们的购物热情。这就对电商的发展提出了新的要求：商家在销售产品的过程中，要更关注年轻消费群体的消费需求，从年轻消费群体喜欢的内容、购物方式、购物体验等方面不断向年轻消费群体靠拢。

而直播带货作为一种新兴的销售模式，不仅能够满足年轻消费群体的购物需求，还能够在一定程度上满足其社交需求，带给其更好的购物体验。因此，直播带货受到众多商家的追捧。

1.1.2　创新的销售模式，优势明显

作为一种创新的销售模式，直播带货变革了电商销售模式，弥补了传统电商销售模式的不足。在传统电商销售模式下，消费者从购物网站中获取的产品信息是不全面的，因此难以判断产品是否真正符合自己的需求。同时，电商的出现使越来越多的消费者足不出户就能够买到各种产品，但也缺少了购物过程中的互动体验。

而直播带货的出现解决了这些问题。在观看直播时，消费者可以通过主播对产品的介绍及试用获得更全面的信息。同时，直播带货区别于传统电视购物"我说你听"的模式，能够实现主播与消费者之间的实时互动，使消费者获得更好的互动体验。

那么，直播带货的优势具体表现在哪些方面呢？

首先，直播带货能够带给消费者更好的购物体验。通过观看直播，消费者可以更全面地了解产品信息，明确产品的功效及真实性，也可以随时与主播交流。

其次，除了购物需求以外，直播带货还能够满足消费者更多的需求。相对于传统电商销售模式，直播带货更有趣味性，同时具有极强的社交属性。

在观看直播、与主播互动的过程中，消费者的娱乐需求及社交需求同样能够被满足。

最后，直播带货能够提升产品销量。在传统电商销售模式中，客服人员与消费者是一对一沟通，其沟通的效果与效率都难以保证。而在直播带货的过程中，主播能够随时为众多的消费者解惑，这能够有效提高消费者下单的效率，提升产品销量。

直播带货能够实现主播与消费者的实时互动，这不但提高了消费者的购物体验，满足了消费者多样的需求，也有效提高了主播销售产品的效率和产品销量。

1.1.3 电商销售的新标配

2019 年《直播生态发展趋势报告》指出，直播已经成为推动电商发展的新动力，"电商 + 直播"呈现出极强的爆发力，即将促成一个千亿级市场。

直播带货即商家借助直播推销产品，通过直播时主播对产品的试用，实现消费者对产品的间接体验，增加消费者对产品的认知，以促使消费者购买产品。直播带货改变了消费者对产品看不见、摸不到的状况。相对于产品简介中的信息和图片、商家拍摄的宣传视频，主播在实际使用产品时给出的评价更容易让消费者信赖。消费者在观看主播使用产品时可以直观地感受到产品的使用效果，这在一定程度上降低了消费者的试错成本，让更多消费者愿意通过直播进行购物。

被称为"口红一哥"的李佳琦曾创造 5 分钟售出 15000 支口红的销售神话；"淘宝第一主播"薇娅在 2018 年"双十一"期间，仅用 2 小时就实现了 2.67

亿元的销售额。直播带货已经成为电商销售的必备武器。

直播带货的受众情况如何？淘宝直播报告显示，从地域分布来看，淘宝直播的用户主要分布在一、二线城市，其他城市的用户数量也呈上升趋势；从性别划分来看，淘宝直播的用户多为女性，占总体用户的87%；从时长来看，淘宝直播的核心用户黏性较高，平均每天在淘宝直播停留的时间接近1小时。由此可见，直播带货在消费者中的渗透率正在逐渐提升，选择通过直播来进行购物的消费者也越来越多。

直播带货的发展前景一片大好。2019年，淘宝不仅打造了多个亿级线下市场及百余个销售额过亿的直播间，还吸收了众多主播入驻平台，培养了很多人气IP。淘宝之外的各大电商也抓住了这个重大机遇，例如，亚马逊在2019年2月推出了具有直播和视频播放功能的"Amazon Live"。

直播带货是直播转型的体现。在此之前，直播就已经实现了与其他行业的结合，如教育直播与电竞直播，如今火热的电商直播更是直播行业发展的新方向。电商平台之所以会选择与直播相结合，就是因为其看到了直播背后的流量价值。直播带货能够为电商平台带来更多的流量，实现销售额的提升。

1.1.4　主播：品牌商与消费者的连接器

随着直播带货的发展，主播的推荐已经成了许多消费者在购物时的主要参考意见，主播往往能够直接影响消费者的购物选择。可见在移动互联网时代，主播已经成了品牌商与消费者之间的连接器。经过主播推荐的产品更容易获得消费者的青睐，于是越来越多的品牌商与主播合作，借主播的推荐销售产品。

2020年1月5日，一款名不见经传的麻辣香肠出现在李佳琦的直播间里。在李佳琦的推荐下，这款香肠在5分钟内被售出了10万余包，销售额也突破了300万元。推出这款香肠的"金字火腿"作为一家生产香肠、酱肉等熟食肉类的肉制品企业原本并不为人所熟知，但被李佳琦推荐后便在更多消费者心中留下了印象，从而打通了该企业的产品销售通道。

同样借主播的力量打开市场的，还有在李佳琦直播间中有超高出场率的"完美日记"。作为国产美妆品牌，"完美日记"在产品刚刚投入市场时就选择与李佳琦合作。通过李佳琦的推荐，越来越多的消费者认识了这个品牌，也有越来越多的消费者购买其产品。在李佳琦的推荐下，"完美日记"成功地进入了美妆市场。

普通品牌借主播的推荐提升知名度、打开市场，一些知名的品牌也通过主播的推荐提高产品销量。例如，美妆领域的知名品牌"雅诗兰黛"通过和薇娅、李佳琦等主播合作，也大幅提高了产品的销量。

直播带货对品牌商的产品销售有巨大的影响，主播推荐影响着消费者的选择，许多消费者都会购买主播推荐的产品。主播已经成为品牌商与消费者之间的连接器，品牌商通过与主播合作，能够有效提高产品的销量。

1.1.5　"双十一"直播带货

每年"双十一"的销售额都会刷新上一年的纪录，2019年"双十一"最终以2684亿元的销售成果宣布落幕，其中淘宝直播实现的成交额约为200亿元。"双十一"当天，李佳琦直播间的观看人数达到3683.5万人，薇娅直播间的观看人数达到 4315.36 万人，两个人的销售额均超过 10 亿元。同时，也有更多商家选择了直播带货这种新的销售模式，这也推动了全民直播时代的到来。在明星带货、主播带货、各种购物节层出不穷的影响下，直播带货将改变销售行业的发展路径。

阿里巴巴官方数据显示，2019 年"双十一"在刚开始的 1 小时里，由直播带货促成的成交量就已经超过了 2018 年"双十一"全天的成交量。9 个小时内，淘宝直播成交额达到上百亿元，超过 50% 的商家通过直播带货实现了销售额的大幅增长。据阿里财报统计，2019 年由直播带货产生的销售总额达千亿元，其中有十多个直播间实现了上亿元的成交量。在直播带货的影响下，家电及消费电子行业的成交额同比增长超过 400%。

淘宝直播已经彻底打破了只有网红才能做主播的传统。阿里巴巴统计数据显示，2019 年"双十一"预售期间品牌直播场次同比翻倍，上百家企业派出了高管亲自直播带货。同时，家电、汽车行业也纷纷加入直播带货的热潮中。沃尔沃等汽车品牌在"双十一"期间纷纷进行了直播销售，汽车 4S 店线下店铺中的金牌导购全都转型成为淘宝主播。

商家自播也在 2019 年的"双十一"期间迎来了曙光。商家自播这种形式已经存在一年多，但并未在直播带货行业内形成较强的趋势。因为此前各电商平台并未给予商家自播足够的扶持，加上直播行业已经形成一定的门槛，商家需要投入更多的资本。而且，直播能否达到预期的成效也很难确定。

2019 年"双十一"，天猫加强了对商家自播的扶助，开展了"排行榜""赛马"等竞争活动，鼓励商家通过自播的形式进行直播带货。商家自播可以更全面地展示产品，使消费者能接收到更多的产品信息；与消费者的实时交互也能够提高消费者的购物体验，促使消费者消费，从而实现商家销售额的提升。在直播红利还在以强劲的势头释放的当下，一定会有更多商家进入直播带货行业，商家自播将会成为一种销售新趋势。

1.1.6 小米MAX：雷军的直播推广模式

小米在营销方面一直奇招频出，为了推广小米 MAX，作为公众人物的 CEO 雷军也开启了直播，吸引了数千万消费者前去围观。雷军在直播中不仅向消费者展示了小米 MAX 的性能优势，还讲解了许多关于伪基站的知识，获得了不少关注。

雷军对直播这样的推广模式表示了肯定，他认为直播能够改变信息的交互模式，为消费者带去更好的购物体验。在雷军的直播推广后，小米 MAX 的销量有了惊人的上涨，实现了销售额的突破。

其实，小米 MAX 除了放大手机屏幕以外，在技术上并无太大突破，没有太多的销售亮点。但由于雷军是众多消费者熟知的"网络红人"，开启直播具有很强的影响力和号召力，能引导更多消费者购买产品，推动小米 MAX 销量的增长。

在通过直播推广小米 MAX 大获成功之后，雷军又借助李佳琦的直播推广小米 2019 年的新产品——小米 CC9。小米 CC9 主打美图功能，旨在开辟女性市场。在李佳琦的卖力推荐下，刚刚上架,1000 台手机就瞬间销售一空。

小米 MAX 和小米 CC9 的直播推广都获得了巨大的成功，直播带来的巨大流量能够为产品推广带来惊人的收益。雷军就恰逢其时地把握住了这个时机，提升了小米手机的销量。

1.2　直播带货的逻辑

直播带货有其内生逻辑和优势，是电商行业中新的爆发点，它降低了传统电商的销售成本，提升了销售效率。直播带货离不开流量的支持，但是，流量不等于销量。一些主播卖力推荐也难以提升产品销量，而另一些主播一声令下便能够引发消费者抢购产品的热潮。所以，主播要想通过流量实现产品销量的增长，就需要了解直播带货的本质，懂得直播带货的规则。

1.2.1　直播带货的本质：人与人的信任和交互

直播带货作为当前最火爆的销售模式之一，不仅是通过直播销售产品。作为一种全新的、能够提高消费者决策效率的互动式销售模式，其本质是人与人的信任和交互。

直播带货打造全新的销售场景。在直播过程中，主播通过直观地展示产品为商家吸引了更多的流量。商家通过和主播的直接合作，省去了很多中间环节，降低了产品销售成本，能够用更优惠的价格吸引消费者购买产品。

直播带货的互动性极强。消费者在观看直播时可以实时和主播进行交流，询问主播关于产品的问题，可以更加全面地了解产品，更加明确自己对产品的需求，提高决策效率。

在传统电商模式下，消费者在购买产品时往往会对产品的质量和性价比产生质疑，也难以明确产品的功效、准确地判断自己是否需要购买该产品。这不仅使消费者在下单前犹豫不决，而且极有可能导致决策失误。但是在直播带货中，主播已经帮助消费者完成了前期决策：主播在推荐产品前，会对产品进行质量和价格方面的严格筛选，能够保证产品的质量和性价比。因此，消费者只用判断自己对产品是否存在需求，决策效率会大大提高。

直播带货的交互双方是主播和消费者，其火爆是交互双方共同努力的结果，其本质是人与人的信任和交互。主播向消费者推荐的是经过检验的优质产品，帮助消费者节省了决策的时间；而消费者也信任主播的选择，愿意接受主播的推荐购买产品。

主播与消费者之间的信任并不是一朝一夕就能够培养出来的。主播需要在推荐产品前严格选品、在推荐产品时如实介绍、在产品售后方面提供更贴心的服务，通过方方面面培养消费者对自己的信任。一旦主播建立消费者对自己的信任，就能够大幅度提高自己的带货效率。直播带货的本质是人与人的信任和交互，主播获得了消费者的信任，直播带货的效率自然也会提升。

1.2.2 直播带货的规则：流量不等于销量

2019 年 10 月，某明星瞄准了直播带货的红利，开始在淘宝直播中进行直播带货。在直播中，该明星首先推荐了一款价值 4000 元的貂皮大衣。但直到直播结束，该貂皮大衣的销量依旧是零。之后，该明星又向消费者推荐了某品牌的奶粉，而这款奶粉的销量也十分惨淡。

除了该明星以外，还有许多明星也都曾尝试过直播带货。尽管有些明星创造了一些惊人的数据，但也只是偶发现象。李佳琦和薇娅在直播中也会请一些明星前来做客，虽然每场直播都能够创造很好的销售数据，但大多数粉丝还是在为李佳琦和薇娅买单，而不是为明星买单。

论知名度和带动流量的能力，毫无疑问，明星要比李佳琦、薇娅有优势；但若要论带货能力，明星就远不及这些头部主播了。虽然也会发生粉丝为喜欢的明星刷数据而下单的情况，但这种销售和正常的产品供求关系相悖，往往不能持续发展。这也是直播带货这种销售模式的规则：流量不等于销量。

直播带货的受众都是对产品有需求的消费者，只有产品满足了消费者的需求，消费者才会下单。在直播带货方面，由于明星缺少直播带货方面的专业知识，所以他们在介绍产品时往往难以准确地传达产品的信息，自然也难以赢得消费者的信任。而相对于明星，主播拥有更强的业务能力和专业性，更了解消费者的需求，能够更全面地展示消费者想要了解的产品的要点，同时能够根据消费者的消费需求激发消费者的购物热情。此外，主播逐渐形成的良好的口碑也会让消费者信任其推荐的产品。

在产品的推销上，无论专业性还是个人口碑，相对于明星，主播都更容易赢得消费者的信任。由此可见，在直播带货领域，流量并不等于销量，相对于为明星买单，消费者更愿意为自己信任的主播和产品买单。

1.3 直播带货还能火多久

当前，直播带货发展势头强劲，越来越多的商家和平台纷纷入局。但是，仍有一些人对直播带货心存疑虑，担忧其发展只是昙花一现。而事实上，无论通信技术和资本的支持，还是对消费者购物需求的满足，都表明了直播带货的发展不仅是大势所趋，也具有更长久的生命力。

1.3.1 直播带货的营销闭环

随着直播带货的火热发展，越来越多的商家进入其中。同时，诸如快手、抖音等社交软件都纷纷增加了直播功能，并积极吸引主播入驻。在各方努力下，直播带货的营销闭环也逐渐形成了。

直播带货的营销闭环包括三个环节：主播推荐、消费者购买和厂家生产，如图 1-1 所示。

主播推荐　　　　　　消费者购买

厂家生产

图1-1　直播带货的营销闭环

（1）主播推荐

直播带货营销闭环的第一个环节是主播推荐。厂家生产出新产品，将这批产品交给主播进行直播销售。主播在直播中向消费者推荐产品，吸引消费者购买产品。

（2）消费者购买

直播带货营销闭环的第二个环节是消费者购买。主播在直播中讲明产品的优势和卖点，由于是厂家直接供货，产品的价格也十分划算，这些都能够刺激消费者购买产品。

（3）厂家生产

直播带货营销闭环的最后一个环节是厂家生产。当消费者购买了主播所推荐的产品、厂家获得了利润后，厂家会继续生产这些产品，再交由主播进行销售，继续获得利润。

直播带货营销闭环的三个环节相互促进、影响，如果其中一个环节出现了问题，其他环节也无法进行下去。同时，这三个环节中的每一个主体都会通过直播带货的营销闭环获益：对于主播而言，厂家直接供货能够使主播以更低的价格获得产品，以更低的价格将产品销售出去，这为主播的直播带货提升了竞争力；对于消费者而言，主播推销的产品价格更低，消费者购买产品能够获得更多的实惠；对于厂家而言，主播的直播带货能够降低厂家的销售成本并提高销售效率，进而使厂家获得更多的收益。

总之，直播带货能够建立营销闭环，提高产品的销售效率，这种销售模式对于主播、消费者、厂家三方都十分有益。

1.3.2 从4G到5G：直播带货的技术支持

直播带货的发展离不开通信技术的支持。在4G网络下，消费者可以十分便捷地进入主播的直播间观看直播，但4G网络的局限性使消费者观看直播会遇到延迟、卡顿等问题，影响观看体验。而快速发展的5G能够为消费者带来更好的观看体验。

5G为直播带货带来的改变主要表现在以下几个方面，如图1-2所示。

（1）全场景

在5G的支持下，直播带货将不再局限于线上，也能够同步覆盖到线下店铺中，实现全场景直播销售。高速度、低时延的5G网络能够为主播提供更好的直播体验，同时能够实现主播与消费者的实时互动。主播可以手持移动终端通过直播引导消费者在线下店铺中购物，消费者也能够获得零时差的"云购物"体验。

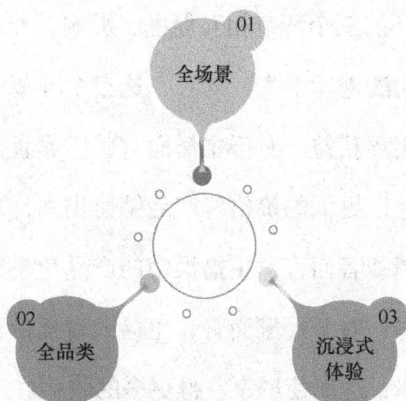

图1-2　5G为直播带货带来的改变

（2）全品类

当前直播带货的产品品类总体以实物类产品为主，而未来在5G的支持下，一些服务类产品也能够通过直播带货进行销售。消费者通过依托5G运行的VR/AR产品，能够更加全面地了解旅游、家庭服务等场景。

（3）沉浸式体验

在5G的支持下，直播带货能够为消费者提供沉浸式的购物体验，即消费者能够更加真实地感受到产品的使用体验。VR技术会在5G的支持下获得飞速发展。在VR设备的帮助下，消费者能够更加真实地感受到产品。例如，消费者可以借助VR设备看到自己试穿衣服的真实效果，也能够感受到衣服的材质和触感。

综上所述，在5G的支持下，消费者的购物选择更多样，能够实现与主播的实时互动，进而获得更好的购物体验。

1.3.3　平台布局

直播带货能够带给消费者更好的购物体验，因此获得了更多消费者的欢迎，也对传统的电商销售模式造成了冲击。在这种形势下，越来越多的线下商家，如银泰百货、海底捞、洋码头等都纷纷加入直播带货的大军中。

同时，各大互联网平台也纷纷开始入局直播带货行业，推出了直播平台。例如，斗鱼推出了"斗鱼购物"，微博也推出了"微博小店"。

随着直播带货越来越火热，淘宝直播、抖音、快手等主流电商直播平台获得了飞速的发展。京东、拼多多、网易考拉、知乎等多个平台也纷纷布局直播带货行业，开展直播带货业务。

当前，直播带货无疑占据了电商销售的半壁江山。最早开启直播带货的淘宝直播早已用数据向众人展示了直播带货惊人的成果，直播带货在流量获取和流量转化两个方面都有不俗的表现。

尽管如此，也并不表示所有平台都能像淘宝直播一样在直播带货方面取得巨大成功。目前，淘宝直播、快手、抖音三大直播平台在直播市场中占据主要地位。2020年1月招商证券发布的报告显示，就2019年全年的直播销售额而言，淘宝直播以年1800亿元独占鳌头。此外，淘宝直播的日收益为2.2亿元，快手的日收益为1亿元，抖音的日收益为2000万元。

各平台收益的不同与各平台开启直播带货的时间长短密切相关。淘宝直播是最早开启直播带货的平台，拥有许多著名的主播，如薇娅、李佳琦等，这些带货能力超强的主播为淘宝直播创造了不小的收益。快手和抖音则是在淘宝直播之后才开展直播带货业务，同时也在积极地吸引主播入驻，和更多商家展开合作。

在各平台激烈的竞争下，其他平台也在摩拳擦掌、积极布局。除了京东、拼多多等电商平台之外，微博、微信等社交平台也纷纷入局直播带货行业。不同平台拥有不同类型的用户，为了迎合用户的喜好，各平台所推销的产品类型也有所差异。

未来，借助各平台的纷纷发力，直播带货将会成为更加主流的销售模式，吸引更多消费者参与直播购物。

1.3.4 产品多样化：还有什么产品不可以直播销售

随着直播带货不断发展，产品多样化已经成为直播带货的趋势，消费者所需求的各种产品都可以通过直播进行销售。

作为一名带货能力超强的主播，薇娅在直播间销售的产品可谓五花八门。她曾经在直播间中销售过汽车、电影票，也曾在直播间中宣传过综艺节目和电视剧，而最让人震惊的是她还成功地在直播中将货真价实的火箭销售了出去。

2020年愚人节前夕，淘宝直播张贴出的一张海报引起了众多消费者的关注，如图1-3所示。

这张海报一经发布就引爆了消费者讨论的热潮，"直播卖火箭""全球首次"等成了消费者讨论的焦点，许多消费者对薇娅的此次直播都万分期待。2020年4月1日，薇娅如期开启了直播，并成功地在直播间中以4000万元的价格售出了一枚货真价实的火箭。

这枚火箭的原价是4500万元。在薇娅的直播间中，火箭的价格直降了

500 万元，只需要 4000 万元即可买下。薇娅直播卖火箭吸引了大量的消费者前来围观，而这枚火箭实惠的价格再一次引爆了直播间的热度。

图1-3 薇娅直播宣传海报

直播卖火箭听起来不可思议，但火箭在上架后便被瞬间售出，这不仅反映了薇娅超强的带货能力，同时也反映了直播带货这种销售模式的巨大潜力。无论是什么品类的产品，只要消费者对产品存在需求，产品就可以通过直播带货实现销售。

从最基础的有关衣食住行的日常消费品到房子、火箭等，直播带货涉及的产品品类越来越多，日趋多样化。还有哪些产品不可以进行直播销售？未来，直播带货涉及的产品甚至会实现全品类覆盖。

1.3.5 直播带货的发展是大势所趋

当前，直播带货已经发展为电商销售的主要销售模式，在资本、技术的支持下也将具有更长久的生命力。种种迹象表明，直播带货的产生和发展顺应了时代发展的趋势，如图1-4所示。

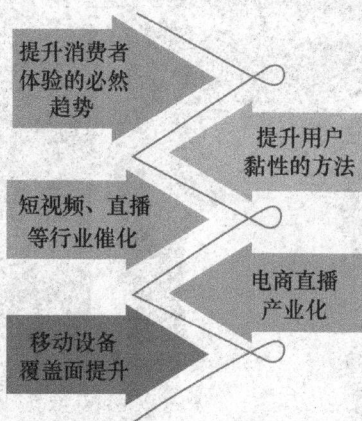

图1-4　直播带货产生和发展的原因

（1）提升消费者体验的必然趋势

直播带货比传统的电商销售模式更加直观，能够带给消费者更好的购物体验。相对于传统的电商销售模式，消费者在直播中可以通过主播的介绍更加全面地了解产品，通过主播的试用了解产品的试用效果或功效，如果对产品产生疑问，也可以实时向主播提问。

（2）提升用户黏性的方法

在直播带货出现之前，增强用户关注、获得更多流量是传统电商平台急需解决的问题。直播带货这种具有社交属性的销售方式更能提高用户黏性，有效留存用户。

（3）短视频、直播等行业催化

近几年，抖音、快手等短视频及直播平台迅速发展，越来越多的消费者喜欢在网上浏览短视频或观看直播，这为短视频及直播平台吸引了大量的流量。有了流量，如何实现流量的变现？开展直播带货、通过电商变现是短视频与直播平台实现流量变现的有效手段。

（4）电商直播产业化

《2019年中国MCN行业发展研究白皮书》显示，截至2018年12月，我国MCN（多渠道网络服务）机构的数量已达5000家。而在直播行业中，90%以上的知名主播都被MCN机构纳入麾下，或者成立了自己的MCN机构。MCN机构的不断扩张推动了电商行业的产业化发展，也使越来越多的新主播加入直播带货的队伍中。

（5）移动设备覆盖面提升

中国互联网络信息中心提供的数据显示，截至2019年上半年，我国移动手机的用户已经达到了8.47亿人，4G网络已经实现了大面积覆盖，同时三大通信运营商也在不断降低网络资费。在网络功能提升和网络资费下降的双重影响下，越来越多的人能够随时随地观看直播，这为直播带货的发展提供了助力。此外，未来随着5G网络的发展和普及，高速度、低时延、大带宽的5G网络能够解决当下直播中延迟、卡顿的问题，不仅能够提高主播的直播体验，也能够提高消费者的购物体验。

在以上多方的共同促进之下，直播带货可以获得更好的发展，拥有更长久的生命力。

第2章

宣传预热：

吸引更多消费者关注

为了使直播能吸引更多消费者关注，主播需要通过多种渠道进行宣传预热，也要掌握各种悬念十足的宣传方法。主播使用的宣传渠道越多样，就越能吸引消费者前来观看直播。主播将宣传预告做得悬念十足，则更能引起消费者的好奇心，让消费者对直播产生期待。

2.1　多渠道进行宣传预热

主播要想让更多消费者看到自己的直播，就必须通过多渠道进行宣传预热。企业官网、电商平台、社交平台以及线下实体店都是主播进行直播宣传预热的重要渠道。多渠道宣传预热能够让更多消费者了解主播的直播信息，也能够为主播的直播销售营造良好的氛围，激发消费者的购物热情。

2.1.1　企业官网

企业官网是消费者了解产品的最佳途径，许多消费者在购买某企业的产品之前都会到该企业的官网进行了解。企业官网拥有新闻发布、口碑营销、产品展示等功能，是企业面向社会的重要窗口。因此，主播和企业合作推销产品时，可以利用该企业的官网进行直播宣传预热。

虽然一些消费者并不关注直播，但是他们会通过企业官网关注自己心仪的品牌。主播通过企业官网进行直播宣传预热，能够吸引这些关注该企业的消费者前来观看直播。

例如，某主播与某手机品牌达成合作，以首席体验官的身份体验并推销该品牌的新款手机。在直播之前，为了吸引更多消费者观看直播，该主播在该手机品牌的官网上发布了直播预告。一些以前不关注直播，但是关注该手机品牌的消费者通过官网上的直播预告了解到新款手机的直播信息，就在直播当天纷纷进入主播的直播间购买手机。也就是说，这位主播通过在官网发布直播预告的方式吸引了更多消费者的关注。

消费者进入某品牌的企业官网，就意味着消费者想要了解这个品牌，对该品牌的产品产生了消费需求。企业官网自然也会销售产品，但是产品的价格往往没有优势。而主播与品牌进行合作时，品牌会给予主播一定的优惠，主播也可以用相对优惠的价格吸引消费者购买产品。对于追求实惠的消费者而言，当其进入某品牌的企业官网准备购买产品时，如果能够看到该品牌合作的某主播的直播预告，那么他一定愿意在主播的直播间以更优惠的价格购买该产品。

同时，当主播与品牌进行合作时，有一些消费者可能会因为主播直播间的产品价格低于官网的产品价格而对主播所推销产品的真实性产生怀疑。如果主播将直播预告发布在品牌官网上，那么就表明了主播与品牌合作的真实性，这能够很好地打消消费者对产品真实性的怀疑。

主播通过企业官网进行直播宣传预热，不仅能够吸引更多消费者关注自己的直播，还能够借企业官网证明自己所销售产品的真实性，赢得消费者的信任。总之，主播在与品牌进行合作时，一定要充分利用企业官网这个渠道为直播宣传预热。

2.1.2 电商平台

不论是在电商平台进行直播，还是在直播平台进行直播，主播都要在介绍完产品后提供电商平台的产品链接，让消费者能够通过电商平台下单。电商平台是连接主播和消费者的重要渠道，因此主播也可以通过电商平台进行直播宣传预热。以淘宝平台为例，主播通过淘宝平台进行直播宣传预热的优势是十分明显的。

淘宝平台拥有广泛的用户群体。阿里巴巴公布的数据显示，截至 2019 年上半年，淘宝、天猫等零售平台的移动月活跃用户规模已达 7.55 亿人。主播要想做好直播的宣传预热，就一定不能忽视拥有庞大用户群体的淘宝平台。

淘宝平台的首页有直达淘宝直播间的入口，主播可以将自己的直播预告发布在淘宝直播的广场上。但是，淘宝直播广场上的直播信息众多，主播要想引起消费者的注意，就要在设计直播预告时多花一些心思。

主播在设计直播预告时，要确保直播预告能够迅速吸引消费者的目光。主播可以通过图文和视频结合的方式讲明直播的重点内容，同时还要为直播预告确定一个吸睛的标题。因为吸睛的标题能够让更多消费者关注到主播的直播宣传。

同时，淘宝平台的直播激励机制对于主播而言也是十分友好的。当主播制作的直播预告内容足够优秀时，淘宝平台会将主播的直播预告内容放在直播广场最显眼的地方，让更多消费者能够看到。

在其他电商平台进行直播宣传预热也是如此，电商平台的用户优势、直播激励机制等都会为主播的直播宣传预热提供支持。因此，主播一定要重视电商平台的作用，借助电商平台的力量做好直播宣传预热。

2.1.3 社交平台

随着移动互联网的快速发展，人们与各种社交平台的联系也越来越紧密。人们会用 QQ、微信等平台沟通工作，用微博、豆瓣等平台了解时事及发表看法等，很多人都把闲暇时间贡献给了各种社交软件。主播则要抓住这一点，在社交平台上进行更多的直播宣传预热。

（1）通过微信发布直播预告

主播在微信上可以通过多种方式发布直播预告。首先，主播可以通过朋友圈推送直播预告，并设置转发福利。例如，"转发此条信息至朋友圈中，可凭截图领取 10 元代金券"。这样便可以通过消费者的朋友圈转发实现直播宣传。其次，主播可以通过微信公众号发布直播预告，将直播间的直达链接放在微信公众号中，让消费者能够更加便捷地进入直播间。

（2）通过微博发布直播预告

除了微信以外，主播也可以在微博上发布直播预告。微博上的新闻热点层出不穷，为了让更多人看到直播预告，主播可以通过转发抽奖的方式引导消费者转发微博。

例如，主播可以设置"转发、评论本微博，晚上 8 点抽取 3 人送出精品美白套装"。转发抽奖活动可以充分调动消费者转发微博的积极性，而且微博的曝光率要远大于微信朋友圈的曝光率。主播积极引导消费者转发直播预告，可以增加直播预告的曝光度，进而在直播开播时获得更多关注。

（3）微博、微信大 V 的付费宣传

微博、微信大 V 拥有庞大的粉丝群体，具有很强的号召力和影响力。因此，主播可以借助他们的影响力为自己的直播做宣传。

微博、微信大 V 的宣传能力要比一般的微博、微信账号高很多，会给主播带来更高的转化率。某明星曾经在微博上晒出一张与邮筒合影的照片。照片发出后，细心的粉丝发现这个邮筒位于上海某街头。于是，在此后的一段时间内，这个邮筒旁边排起了长队，许多人都拍摄了自己与该邮筒的合照。

类似这样的例子还有很多，这就是名人效应所带来的影响力。同理，主播可以请微博、微信大 V 为自己的直播做宣传，借助其影响力使自己的直播间获得更多关注。

同时，主播要注意，不同的大 V 有不同的定位。因此，在寻找微博、微信大 V 时，主播一定要分析其定位是否与自己所推销的产品的定位一致，只有选择合适的微博、微信大 V 才能实现最高效的宣传推广。

2.1.4　线下实体店

当自身拥有线下实体店或者与拥有线下实体店的品牌商合作时，主播也可以把直播预告投放到线下实体店中。

许多习惯于在线下实体店购物的消费者或许没有接触过直播购物，但其对产品是有需求的，他们也极有可能成为主播直播间的粉丝。因此，主播要吸引这部分消费者关注自己的直播。在利用线下实体店为直播做宣传时，主播可以从两方面入手。

（1）店外展板

主播可以在实体店的店外设置包含直播信息的展板。在设计展板时，主播需要注意应将直播的重点内容突出在展板上，让消费者在看到展板时第一眼就能看到与直播相关的重点内容，如直播平台、直播间的房间号、直播时间及直播中的惊喜福利等。

主播把展板设置在店外，既可以让所有进入实体店的消费者都能在进店前看到这个展板，同时也能够吸引路过的消费者的关注。此外，展板可长期设置，来店中购物或者路过的消费者都可能会因多次看到主播的直播预告而对主播的直播内容产生好奇，久而久之，这些消费者就可能会点进主播的直播间观看。

（2）店内宣传

除了在店外放置展板以外，主播也可以在店内宣传自己的直播。主播可以把直播预告内容做成传单，发放给消费者；也可以叮嘱实体店内的店员，在消费者结账时向消费者宣传主播的直播信息："您好，我们店长为了回馈新老顾客，将在今晚于某某平台开启直播，直播间中的产品价格更加优惠。"对于追求实惠的消费者而言，他们在听到价格更加优惠时一定会按捺不住好奇心去观看直播。

虽然线下实体店能够带给消费者最直接的购物体验，但由于经营实体店所要付出的成本远高于直播销售的成本，所以实体店中产品的价格也远高于直播中同样产品的价格。主播在线下实体店做直播宣传时一定要把握住这种特性，强调自己直播中出现的产品会比实体店中同样的产品更加划算。这样就会有更多追求实惠的消费者观看直播。

2.2 悬念十足的宣传方式

直播前的预热能让主播在直播开始前获得更多消费者的关注，提前为直播积累流量，让直播赢在起跑线上。如何才能在直播开始前获得消费者关注？这就需要主播使用一些能够吸引消费者兴趣的宣传方法。宣传预告做到位，才能够吸引更多消费者的关注。

2.2.1 预告产品：只展示直播内容的"冰山一角"

直播预告要展示直播内容的亮点，同时要设下悬念，以便迅速吸引消费者的关注，调动消费者观看直播的积极性。对于主播设计直播预告而言，天猫的"双十一"预热活动就是一个很好的启发。

2019 年的"双十一"活动和往常简单粗暴的满额减价活动不同，天猫在"双十一"前一个月就开启了预售模式，为之后的正式活动做宣传预热。天猫推出了一个广告，用幽默搞笑的方式揭示了当代人的真实生活写照，包括"自鸽星人""柠檬星人"及"焦绿星人"等。

想买东西，但是一直在拖，今天拖明天，明天又拖到以后，最后拖到产品下架，这是"自鸽星人"的日常；手速慢，买不到自己心仪的产品，只能看别人晒产品，自己暗自酸溜溜的是"柠檬星人"；女朋友生日即将到来，但是不知道买什么礼物的是"焦绿星人"。这些情况是人们在购物时各种心理的真实展现。在列举了这些生活实例后，天猫展示了"双十一"的活动时间，提醒各位消费者做好抢货的准备。而这只是天猫宣传预热的第一步。

为了进一步宣传"双十一"活动，天猫又精心挑选 9 个知名热销产品，编写了《大促冲刺班——美妆精选词典》，提前告知消费者部分活动产品，同时搭配"接地气"的宣传文案，进一步引爆消费者对"双十一"活动的关注。

天猫通过对火爆产品的提前预告，使消费者知道了这次活动的产品有哪些，借助消费者对产品的种草，又一次吸引了消费者的关注。天猫预告产品的宣传方式同样也可以引用到直播带货中，主播可以通过预告部分产品的方式进行直播的宣传预热。

主播在预告产品时要注意突出亮点。只预告部分极具卖点的产品，或只对产品的亮点进行介绍，即只展示直播内容的"冰山一角"，给消费者留下一定的悬念和想象空间。充满悬念的预告更能吸引消费者的关注。同时，悬念和惊喜也是相辅相成的，主播在直播预告中设下悬念，消费者在观看直播的过程中也会收获惊喜。

2.2.2 预告福利：营造"千载难逢"的氛围

出于追求实惠的心理，大多数消费者通过直播进行购物时都希望获得更多的福利。主播在进行预告时一定要抓住这一点，在直播预告中透露一些直播中的福利内容，以便吸引更多消费者的关注，增加消费者对直播的期待感。

例如，一位主播和某化妆品品牌进行联合直播，由于这次直播销售的产品是由品牌商直接供货给主播，没有中间商赚差价，所以产品的价格远低于市场价格。该主播在发布直播预告时是这样写的：

"今晚直播中将会抽取 3 人送出最新款 ipad，抽取 2 人送出华为最新款手机，抽取 1 人送出苹果笔记本电脑。但这并不是今晚直播的最大福利，最大福利是要送给每一位消费者的，×× 品牌彩妆套装，历史最低价格，今晚7:00 等你来拿！"

该主播首先用诱人的抽奖活动预告吸引消费者的目光，接着话锋一转，表示这并不是直播中的最大福利，直播中最大的福利是让所有消费者都能获得的以历史最低价格销售的 ×× 品牌彩妆套装。通过这样短短的几句话，消费者的好奇心被充分调动起来。同时，该主播并没有说明产品的价格，更让消费者对直播充满期待。

在直播预告中预告福利的目的是让消费者对直播产生期待感，刺激消费者观看直播。为了增强直播的吸引力，主播要营造出该福利"千载难逢"的氛围。当产品具备价格优势时，主播可以将"价格优惠"作为福利预告的重点，营造"千载难逢"的氛围；当产品没有价格优势时，主播也可以转换福利预告的侧重点，从其他方面营造福利"千载难逢"的氛围。

例如，一位主播和一家知名的化妆品品牌合作，品牌商除了提供一些经典的彩妆产品以外，还提供了 1000 支限量款口红，并赠送口红小样。因为这款口红十分受欢迎，在很多地区都卖断货了。所以，该主播就在直播预告中重点介绍了这项福利："限量款 ×× 口红惊喜来袭，限量 1000 件，买口红送小样，抢到就是赚到！"

该主播在直播预告中突出了"限量款口红""限量 1000 件""买口红送小样"等惊喜福利，营造了福利"千载难逢"的氛围。这在吸引更多消费者关注的同时，也极大地激发了消费者的购物欲望。

主播在进行直播的福利预告时应注意，福利预告必须是真实的，不可过分夸大福利内容。同时，主播在营造福利"千载难逢"的氛围时，也应认真分析直播中的福利是否真正名副其实。

当可以给予消费者超值福利时，主播可以以超值福利为出发点进行福利预告，也可以从福利的稀缺性、多样性等角度出发，发布福利预告。只要主播的福利预告抓住了消费者最关注的福利焦点，就可以营造出该福利"千载难逢"的氛围，让消费者对直播充满期待。

2.2.3 束氏茶界：千人预告方案

如今，直播带货行业前景一片大好，越来越多的商家看到了商机，纷纷加入其中。在开展直播带货时，商家只有做好直播带货的宣传预热，才能够吸引更多消费者的关注，提高产品的销量。

束氏茶界就通过千人预告方案实现了产品销量的大幅提升。束氏茶界是茶叶零售行业的领军品牌，其在营销推广方面下了不少功夫。随着直播带货的发展，束氏茶界察觉到了直播带货带来的巨大商机。于是在 2019 年春天，束氏茶界携手新零售平台"又一城"在束氏茶界 App 上开通直播功能，并发起安吉白茶和西湖龙井的直播销售活动。直播活动开展得十分成功，4 场直播结束后，束氏茶界销售额突破 6 万元。

束氏茶界的直播活动分为 3 个阶段，分别为预热阶段、直播带货阶段和直播回放阶段。在预热阶段，束氏茶界发动所有门店的数千名员工在微信、微博等社交平台上发布直播预告，以吸引更多人的关注；在直播带货阶段，束氏茶界再次组织员工在朋友圈发布直播推送，以吸引更多人进入直播间；在直播回放阶段，束氏茶界的员工还会进行直播回放推送，以吸引更多人观看直播内容并下单。

束氏茶界的这次直播活动主要有两个目的：第一，这次直播可以让之前预售下单的消费者看到束氏茶界原材料的采摘及制作过程，提升消费者对束氏茶界品牌的信赖度；第二，通过消费者对这次直播活动的分享，束氏茶界吸引了更多消费者的关注，不仅提升了产品销量，也实现了二次引流和拉新。

在此次直播活动之前，刘女士从未听说过束氏茶界这个茶叶品牌，但是在束氏茶界直播销售开始前，她看到了朋友在朋友圈转发的有关束氏茶界的直播信息并对此产生了兴趣。于是在束氏茶界进行直播时，刘女士进入束氏茶界的直播间并观看了直播。在观看直播的过程中，刘女士被主播的介绍及其展示的制茶过程吸引，她就通过直播页面上展示的产品链接购买了束氏茶界的产品。

束氏茶界的千人预告方案使其获得了许多消费者的关注，提高了产品的销量。对于主播而言也是如此，在直播前进行预告是十分关键的。直播的流量决定了直播的销售额，而直播预告能够让更多消费者了解到主播的直播信息，能够为主播吸引大量流量，保证直播活动能够更好地展开。

2.3　增加内部福利，积极促成"老带新"

对于拥有一定数量粉丝的主播而言，老粉丝带动新粉丝也是十分有效的宣传预热方式。老粉丝通常是认可主播产品、对产品有需求、对主播有一定忠诚度的优质粉丝，通过他们邀请来的新粉丝同样会对主播推销的产品有需求，这就能够使主播的宣传预热更有针对性。在老粉丝带动新粉丝方面，主播可以通过邀请有礼和粉丝拼团的方式促成"老带新"。

2.3.1　邀请有礼：奖励粉丝"老带新"

"邀请有礼"是老粉丝带动新粉丝的有效手段。通过这种宣传方式，主播不仅能够维系好老粉丝，还会收获一批新粉丝。

主播可以通过两种方式开展"邀请有礼"活动，分别是使用邀请码和分享链接、二维码。

（1）使用邀请码

邀请码是一种相对烦琐的邀请方式。老粉丝使用邀请码邀请新粉丝时，双方都需要记录邀请码，而且还要通过指定渠道填写邀请码。因此，邀请码的应用场景相对较少。

（2）分享链接或二维码

分享链接或二维码是最常用的"邀请有礼"的方式，其优点是方便快捷，可以在微信、QQ中快速传播。

通过分享链接或二维码开展"邀请有礼"活动的流程如下。

第一步，老粉丝发起邀请，把邀请链接或二维码分享给新粉丝。

第二步，新粉丝接受邀请，进行注册，参与活动并下单。

第三步，新粉丝注册后可获得奖励，奖励一般是产品优惠券礼包。

第四步，老粉丝获得奖励。老粉丝邀请的新粉丝注册和下单后，老粉丝均可获得奖励。奖励的内容可以是产品优惠券或者产品实物。

在通过"邀请有礼"活动对直播进行宣传预热时，主播需要注意两个问题。首先，老粉丝邀请新粉丝的积极性可能会不高。因为邀请新粉丝成功后，老粉丝才可获得奖励。而如果主播提供的优惠力度不够，那么老粉丝邀请新粉丝成功的概率也不会高。其次，新粉丝接受邀请的概率和主播提供优惠的力度成正比，如何把握以较低的投入获得最大的宣传效果，是主播需要认真思考的一个问题。

为了解决以上两个问题，主播要设置合理的老粉丝奖励机制。老粉丝在发起邀请后就可以获得一个小奖励，这能够让老粉丝获得即时的满足感。同时，如果老粉丝发起邀请时总是获得相同的奖励，那么也会挫伤老粉丝持续邀请新粉丝的积极性。对于这个问题，主播可以用两个办法解决。首先，主播可以把老粉丝奖励改为随机奖励。其次，老粉丝邀请的新粉丝越多，其获得的奖励也会越多，主播可以为老粉丝设置阶梯式奖励发放规则。

除了设置合理的老粉丝奖励机制以外，主播也可以将新粉丝的奖励设定为随机奖励，例如，最高获得 100 元无门槛优惠券等。主播可以通过控制优惠力度和中奖比例控制活动成本。

"邀请有礼"活动的宣传效果与主播的设计方式密切相关。主播在开展邀请有礼活动时，一定要使用好各种开展"邀请有礼"活动的小技巧，这样才能够将"邀请有礼"活动的宣传效果最大化。

2.3.2 粉丝拼团：设置引流产品，实行拼团制

极具优惠力度的拼团活动能够有效激发老粉丝的购物热情，促使其在微信、微博等平台上分享拼团链接，从而吸引新粉丝参与到拼团活动中来。

徐燕是一家淘宝化妆品店的店主，在淘宝店铺的经营过程中，她通过直播带货积累了一些粉丝，也通过直播带货有效提高了店铺的销量。

为了进一步提高店铺的销量，2019 年"双十一"前夕，徐燕决定组织一次拼团活动，激发粉丝的购物热情。于是，徐燕在 11 月 5 日的直播中预告了"双十一"当天的拼团活动，活动规则如下。

（1）"双十一"当天以 2 人即可成团的方式开展拼团活动，诱发粉丝迅速抢购。

（2）设置梯度优惠，买得越多省得越多。例如，粉丝购买某精华，1瓶单价138元，2瓶238元，3瓶318元。

（3）"双十一"当天消费额度最高的粉丝将获得店铺赠送的价值899元的美白套装。

（4）在拼团活动中，如果老粉丝带动了新粉丝前来参加拼团活动，那么老粉丝将会获得额外的返利优惠。

除了发布活动规则之外，徐燕还在直播中为粉丝详细地讲解了参与拼团活动的产品种类、与平时相比的优惠力度等，进一步激发了粉丝拼团购买的积极性。

通过预告超值优惠的拼团活动，徐燕的直播间吸引了大批的粉丝关注。在"双十一"当天，拼团活动一开始，店铺的销量就节节攀升。为了进一步刺激粉丝的购物欲望，徐燕还在直播间以"粉丝昵称＋所购产品名＋数量"的形式实时晒出粉丝的购物清单，这一行为极大地活跃了直播间的氛围，也促使更多粉丝积极成团下单。

此次活动结束后，徐燕的店铺在"双十一"当天的销量比平日增加了3倍，粉丝复购率也大大提高。

直播

第3章

内容设计：
直播带货也有剧本

　　直播带货的最终目的是销售产品。为了更好地达到产品销售的目的，主播需要规划好直播主题和直播流程。这就需要主播掌握主题规划的技巧，同时为直播制定好剧本——以产品为出发点，吸引消费者的注意力，最终提升产品的销售额。

3.1　直播主题规划

　　规划直播主题是设计直播内容的第一步。在这一步，主播需要结合时下热点，以此为主题贯穿于直播的整个流程。此外，主播也要设计好直播的标题，突出直播亮点。

3.1.1　结合热点规划主题

　　在当今信息爆炸的时代，人们每天都会接触到大量信息。在纷繁复杂的信息中，只有时下热点才能够抓住更多人的目光。因此，为了吸引更多人关注，主播的直播内容需要与时下热点相结合，这是主播规划直播主题的重要法宝。

　　直播主题与时下热点相结合能够增加主播直播内容的曝光度，为直播引流。同时，与时下热点相结合的直播主题能够吸引大量消费者的目光。而消费者对直播内容的讨论和分享也会提高直播的曝光度，进而吸引更多人关注直播。

　　主播应该如何结合时下热点规划直播主题呢？热点来得快，去得也快，要想借助热点吸引更多消费者的关注，维持直播的热度，主播就需要对时下热点进行深入挖掘。

　　首先，每一个热点都有其背后的重点内容，主播在利用时下热点时要总结热点背后隐藏的"干货"；其次，主播要将热点事件与直播内容相结合，使其成为直播内容的亮点；最后，即使热点事件的讨论热潮已过去，但这件事对人们造成的影响仍会持续一段时间，主播就要充分利用这段后续影响期开发热点的周边事件，实现二次引流。

例如，在电影《战狼2》热度爆棚时，各大媒体纷纷报道了许多与其相关的新闻。在那段时间里，就有很多美妆博主借这部电影的热度推出了以"《战狼2》里的那些女星使用的美妆产品"为主题的视频，这样的直播就为这些美妆博主吸引了很多流量。

尽管结合时下热点规划直播主题会给主播带来很多好处，但是主播也要选择合适的热点与自己的直播相结合。如果时下热点与主播所推销产品的相关度不高，或者主播将二者结合得不恰当，就会让消费者认为主播是在"蹭热度"。这对于主播的直播宣传和产品销售而言都是十分不利的。因此，主播一定要认真分析时下热点，选择合适的热点规划直播主题，这样才能够真正地借热点为直播引流。

3.1.2　主题重点要突出

周文在淘宝网开了一家店铺销售小龙虾，每天都会通过直播推销自己的产品。在一次做主题规划时，周文决定以讲解麻辣小龙虾的制作过程为此次直播的主题。

在直播中，周文展示了麻辣小龙虾从选料到加工的制作过程。因为本次直播的主题是讲解麻辣小龙虾的制作过程，所以周文在整场直播中都在讲解选料、清洗、食材准备、制作步骤等，并没有直接进行小龙虾的推销。

而周文讲解麻辣小龙虾的制作过程这个主题吸引了许多消费者的关注。

不少消费者在观看麻辣小龙虾制作的过程中，都觉得周文对小龙虾质量的把关十分严谨，制作出来的麻辣小龙虾的色泽十分诱人，于是纷纷下单。虽然周文没有直接推销产品，但是讲解麻辣小龙虾的制作过程这个主题就是对小龙虾的很好的宣传，直播间的销量也因此提高。

一个好主题能够使直播吸引更多消费者的关注，也会激发消费者的购物欲望，进而实现产品销售。那么，如何规划直播的主题呢？主播需要做到三个方面，如图3-1所示。

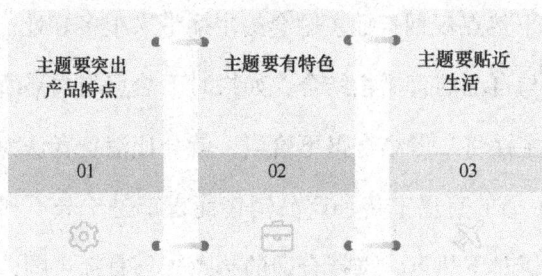

图3-1 规划直播主题的三个要点

（1）主题要突出产品特点

在规划直播主题时，主播需要突出产品的特点。例如，主播在推销防晒产品时，就可以防晒霜、防晒喷雾的"12小时持久防晒""防汗"等特点规划直播主题。

（2）主题要有特色

主播需要从多角度思考直播主题，展现直播主题的特色。例如，在上述案例中，周文就别出心裁地选择了以展示制作麻辣小龙虾的过程作为直播主题。这个主题带给了消费者新鲜感，吸引了大量消费者观看直播。

（3）主题要贴近生活

许多人观看直播是因为直播具有实时性，而且其内容大多与自己的日常生活相关。因此，主播在规划直播主题时也需要贴近大众生活。例如，主播可以在直播中试用、试吃产品，或在直播中展示产品的制作过程。上述案例中的直播小龙虾的制作过程就是贴近生活的直播主题。

总之，主播在规划直播主题时，要选择能够突出产品特点、有特色并贴近生活的主题。同时，整个直播的过程应围绕直播的主题展开，而直播主题要贯穿于直播始终。

3.1.3　做理性的"标题党"

吸引人的标题是决定消费者观看直播的重要因素。如果没有吸引人的标题，即使直播的内容很精彩，也难以吸引更多的消费者观看直播。好的标题不仅能吸引更多消费者观看直播，还能让整个视频增色不少。在设置直播标题时，主播可以采用以下三种方法，如图3-2所示。

图3-2　设置直播标题的三种方法

（1）以词取胜：设置数字关键词

标题中的数字可以迅速引起消费者的注意。要想在短时间内吸引消费者的目光，主播可以借助数字的力量，让标题更加直观和简洁。

例如，"如何搭配春季服装"和"3招告诉你：春季服装搭配的小技巧"这两个标题，显然后者对消费者更有吸引力。因为该标题明确告诉了消费者只需要"3招"就可以学会"春季服装搭配的小技巧"。无论是从效果预期上，还是从内容引导上，添加数字都可以为消费者提供更多有效信息，从而促使消费者点击进入直播间。

（2）提出疑问，增加悬念

消费者在选择进入一个直播间之前，会浏览不同直播间的标题。一个能吸引消费者注意力的标题能够为主播的直播间带来更多流量。什么样的标题才能够吸引消费者的注意呢？在标题中提出疑问也是标题设置的技巧之一。

在标题中提出疑问能够为直播内容增加悬念，而这种悬念能够吸引消费者关注直播。同时，标题中的疑问也能够引发消费者的思考，激发消费者的好奇心，从而让消费者在好奇心的趋势下进入直播间。

（3）借力打力，加入火爆的关键词

主播在设置标题关键词时应紧跟时代潮流，在标题中加入当下火爆的关键词，以吸引更多消费者进入直播间。直播平台会根据标题关键词对直播进行提取、分类和推荐，然后根据消费者的点击率、浏览量等分析是否将这个直播间推送给更多的消费者。因此，标题关键词的选择是非常重要的。

主播可以通过以上三种方法设置直播标题，以吸引更多的消费者关注直播。

3.2　定制剧本更受欢迎

为了达到更好的直播效果，主播需要设计好直播的剧本。在直播过程中，从开始到结束，主播需要做哪些事情都应提前设计好。这样才能够更好地吸引消费者，提高产品的销量。

主播在直播之前将直播大纲课表化，有利于更好地把握直播的流程及进度。同时，为了实现更好的直播效果，主播需要对直播内容进行彩排。此外，主播在直播过程中展现自己的专业性，不仅能够增加直播的可信度，还能展现自己的个人魅力，这些都有利于刺激消费者下单。

3.2.1　课表化的直播大纲

在每次直播之前，余静都会制作直播大纲，用表格标明不同的时间段分别做的事情，包括在什么时间段展示产品、在什么时间段解答消费者的问题等。在完善的时间安排下，余静成功地将直播间的人气拉得越来越高，其淘宝网店的销量也比以前高了很多。

直播带货的核心是销售和推广。因此，主播可以通过对直播内容进行合理安排来提高直播的效率，为直播设计大纲则有利于主播对直播流程的掌控。那么，主播应该如何设计直播大纲呢？

主播可以先将一次直播分为不同的阶段，再设计每个阶段需要做的事情。以服装的直播销售为例，主播可以将直播分成四个阶段，如图3-3所示。

（1）开场白和服装的介绍

主播在直播开始时需要先和消费者打招呼，简单介绍自己，然后直奔主题，开始介绍服装。在介绍服装时，主播可以对服装进行定位性的总体介绍，例如，衣服是"春季新品""小个子福利"等。这样的介绍更能加深消费者对直播主题的认知。

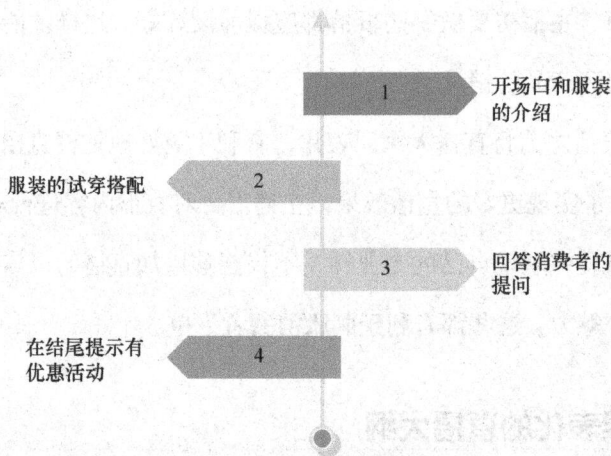

图3-3 直播的四个阶段

（2）服装的试穿搭配

在介绍完直播主题后，主播接下来要介绍每一类衣服的材质、特点、受众及价格等。主播可以应消费者的要求试穿服装，为消费者展示服装的上身效果，还可以顺势推荐几款饰品来搭配这件服装。这样推荐就显得很自然，也不会让消费者觉得反感。

（3）回答消费者的提问

在展示完服装后，主播可以设计互动环节，让消费者自由提问，然后对消费者的提问——进行回答。如果消费者提出的问题很多，那么主播就需要选择重点问题来回答。

（4）在结尾提示有优惠活动

在直播的最后，主播可以向消费者提示有优惠活动。例如，"现在下单就可以享受9折优惠""限量100件赠品，赠完为止"等，以此吸引消费者购买服装。

通过制定直播剧本，主播可以明确整个直播的流程，知道每个阶段的任务是什么。如果直播时出现突发状况，也不至于手忙脚乱。定制直播剧本可以有效地促进直播顺利进行，提高直播的效率。

3.2.2 彩排演练直播过程

梁晓希是一名直播带货主播。在刚开始进行直播时，梁晓希并不知道应该如何进行直播，更不知道如何与消费者交流互动。她本以为直播是一件很容易的事，只要坐在屏幕前认真地展示产品就能吸引大量消费者观看直播。但当真正做了主播之后，她才发现直播带货并不容易。

在刚开始进行直播时，梁晓希没有对直播内容进行设计，也把握不好直播的流程，会在直播的过程中花费大量的时间回答消费者提出的问题。因此，她直播的效率并不高。为了解决这个问题，梁晓希开始设计直播的剧本，并对直播剧本进行彩排。彩排的内容一般是练习介绍产品，预设消费者可能提出的问题。同时，她还设计了一些互动环节，以此增加直播间的人气。

经过一段时间的练习，梁晓希的直播效果有了很大的改善。她的直播间渐渐活跃起来，越来越多的消费者在直播间下单。因此，直播间的销量得以提升。

明星在开演唱会或者参加综艺节目时都会进行彩排，这样才能保证节目的流畅性。主播进行直播带货也是如此，将直播剧本进行彩排，才能够带给消费者更好的观看体验，从而提高产品的销量。那么，主播在进行直播之前，应该如何彩排直播剧本呢？主要有以下四个注意事项，如图3-4所示。

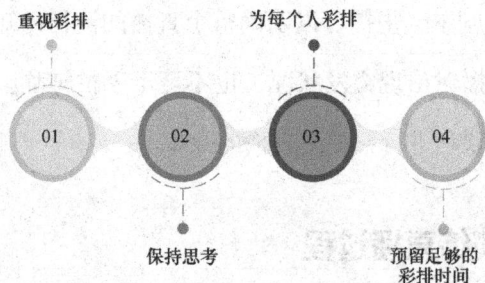

图3-4　如何彩排直播剧本

（1）重视彩排

主播要像正式直播一样彩排直播剧本，这样才能在彩排中学到知识、发现问题。如果主播在彩排时懒懒散散，那么彩排就会失去意义。每一次彩排都是至关重要的，关系到正式直播能否顺利进行。

（2）保持思考

主播在彩排时要一直保持思考。例如，思考这个环节介绍产品好不好，如何介绍产品才不会使消费者感到厌烦等问题。随时保持思考，解决直播中可能存在的问题，找到直播的最好方法才是彩排的意义所在。

（3）为每个人彩排

很多时候，主播并不能一个人完成直播的全部流程。例如，在进行一些小游戏时，主播会需要别人的配合，或者在直播中需要别人活跃直播间的气氛等。如果一场直播中需要其他人参与，主播就需要对每个人所涉及的每个环节进行彩排，确保直播内容的完整性和直播流程的流畅性。

（4）预留足够的彩排时间

主播要为彩排预留充足的时间，寻找彩排过程中可能会出现的问题，并为每一个问题设计好解决方案，切不可敷衍了事。

提前彩排直播剧本是十分有必要的。只有经过充分的彩排，在彩排中预设并解决好可能会出现的问题，主播才能够保证直播的完整性和流畅性。经过彩排后的直播能够带给消费者更好的观看体验，这对于提高直播间销量而言是十分有利的。

3.2.3　塑造自己的专业形象

如果主播想让消费者更加信任自己，那么不妨在设计直播剧本时加入一些能够展示自身专业性的环节。专业性的展示能够让消费者更加信赖主播，进而信赖主播所推销的产品。主播可以在直播开始时设计一个技巧展示的小环节，或者在直播的最后设计消费者提问的环节，以此展示自己的专业性，塑造自己的专业形象。

例如，淘宝直播中有一位推销美妆类产品的主播，她在设计直播剧本时会加入一个"素人改造"环节。该主播每次直播时都会邀请一位素颜嘉宾到自己的直播间，并为嘉宾化妆。

在该主播高超的化妆技巧下，上妆后的嘉宾变得十分漂亮，消费者的兴奋值也会随着嘉宾化妆后的惊喜改变一路升高。此时，主播才会正式开始介绍产品。因为主播每次为嘉宾化妆所使用的化妆品，都会在直播中介绍。在之前的化妆环节中，消费者不仅看到了主播高超的化妆技巧，也看到了化妆品的使用效果，于是纷纷下单购买主播推销的化妆品。

主播可以在直播开始设计展示自己的专业技巧的环节，也可以在直播的最后设计消费者提问的环节，通过回答消费者的提问展现自己的专业性。在消费者提问时，主播可以从专业的角度帮助消费者解决问题。当问题得到解决时，消费者就会认为主播是十分专业的。

主播在设计直播剧本时设计能够展现自身专业性的环节是非常有必要的。而如果主播能够把展现自身专业性的环节设计得轻松有趣、能够吸引消费者的注意，那么就能够在展现自身专业性的同时提高直播间的销量。

3.3 以产品为主

直播主题与直播剧本都是主播开展直播带货的辅助手段，产品才是直播销售的内核。在规划直播内容时，除了设计直播主题、定制直播剧本之外，主播更应将目光聚焦于产品。主播可以从产品中提炼出吸睛的关键词，以吸引消费者的关注，更要在直播中展现产品的真实性。

3.3.1 巧妙融入产品关键词

刘铮是一名销售电脑及其配件的主播。某个月末，刘铮在总结直播间的月度销售额时发现，本月直播间的销售额竟然是上个月的两倍左右，这让他感到十分惊喜。原本刘铮的直播一直不温不火，直播间的销售额也一直难以提升。虽然在每次直播前，刘铮都会为直播定制好剧本，也会根据直播剧本彩排直播内容，但刘铮依旧难以吸引消费者下单。为此，刘铮想到了一个办法。

在一次直播中介绍产品时，刘铮讲到："大家平时在使用笔记本电脑时，很多时候是用不到笔记本电脑的键盘的。在这种情况下，与笔记本电脑连接的键盘可能就会成为大家的负担。而今天我为大家介绍的这款笔记本电脑的最大特点就是它是可拆卸的，在追剧、画图时，大家可以将笔记本电脑的键盘拆卸下来；在需要打字时，大家也可以将键盘连接在笔记本电脑上。这为大家使用笔记本电脑带来了极大的便利。"

刘铮还全面地向消费者展示了这款笔记本电脑的可拆卸键盘，突出了这款笔记本电脑键盘可拆卸的特性。刘铮的这番介绍极大地激发了消费者对这款笔记本电脑的购买欲望，于是纷纷下单。刘铮直播间的销售额也得到了大幅提升。在接下来的直播中，刘铮依旧以产品的关键词吸引消费者的目光，这使刘铮直播间的人气不断上涨，直播间的销售额也不断提升。

主播在设计直播带货的剧本时需要时刻以产品为中心，突出产品的卖点。在这方面，主播可以在设计剧本时为每件产品设置关键词，强化消费者对产品卖点的认知。那么，主播应该如何设置产品的关键词呢？具体可以从以下三个方面着手，如图 3-5 所示。

图3-5　如何设置直播关键词

（1）直击消费者需求

直播带货不同于一般的直播，消费者在直播中关注的是产品，因此主播应以消费者的需求为出发点设置产品的关键词。例如，消费者在购买超薄笔记本电脑时注重的就是笔记本电脑的便携性，而如果主播以便携性作为超薄笔记本电脑的关键词，自然能够吸引消费者的目光。

（2）符合产品特性

产品特性就是产品的属性和特征。以夏季女装为例，清爽、透气等标签就是它的关键词。主播在进行直播时，不能只是千篇一律地介绍产品，而是要抓住产品特点，从产品的功效、性能等方面分析产品的卖点，选择符合产品特性的关键词。

（3）有特色

主播在设置产品关键词时要突出产品的特色。在这方面，主播可以将产品的设计亮点、特殊功效等设置成关键词。关键词有特色，才能让消费者感到新奇，促使消费者下单。

产品的关键词可以突出产品的卖点，让产品更迅速地吸引消费者的目光。在设置产品关键词时，主播可以从消费者需求和产品特性出发，设置有特色的关键词。同时，主播也要保证产品关键词的真实性，不能为吸引消费者的关注而欺骗消费者。

3.3.2 展示产品的真实性

徐菁是一家理发店的老板，凭借精湛的手艺，她的理发店获得了顾客的一致好评。随着直播带货的火爆，大大小小的直播平台纷纷涌现，徐菁的许多朋友也都纷纷加入了直播带货的队伍中。在朋友的鼓励下，徐菁也开通了直播间。

在首次直播时，徐菁在直播间向消费者演示了她在理发店给顾客做发型的全过程，并从多个角度展示了发型的效果。精彩的直播吸引了众多消费者的关注，在直播的过程中，不断有消费者询问徐菁的理发店的名字和地址，这次直播成功地为徐菁的理发店做了一次宣传推广。

在设计直播带货的剧本时，主播要以展示产品的真实性为出发点，设计产品展示的内容。传统线上销售的劣势就在于仅仅依靠图片和文字描述，消费者难以辨别产品的真实性。而通过直播，主播可以对产品进行全方位的展示和测试，从而让消费者全面了解产品的真实性。

主播需要设计好产品的测试环节，以便通过产品的测试展示产品的真实性。主播可以在直播中试用产品，展示产品的功效或性能。同时，为了提高产品测试的可信度，主播也可以邀请明星来体验产品，以提高消费者对产品的信任度。

第4章

产品展示:

引导消费者接近产品

　　展示产品是直播过程的主要环节,主播需要掌握展示产品的方法,以便更好地激发消费者的购物热情。在展示产品前,主播需要明确产品的优缺点,对产品做出客观的判断,同时确定产品的卖点。在展示产品的过程中,主播要把握好消费者的需求,注重消费者的观看体验。总之,主播要放大产品的优点,通过场景描述的方式激发消费者的购物热情。

4.1 展示前

在展示产品前，主播要对产品进行全面的了解，明确产品的优缺点。这样一来，主播不仅能够对产品做出更加客观的评价，也能够更加准确地回答消费者提出的问题。此外，主播也需要提前安排好介绍产品的顺序，使整个产品展示环节更加合理。

4.1.1 明确产品的优缺点，寻找卖点

主播在展示产品前，要明确产品的优缺点。明确产品的优点后，主播才能够确定产品的卖点。同时，任何产品或多或少都是有缺点的，主播在介绍产品时不能够回避其缺点，但是可以使用一些技巧介绍其缺点。主播在展示产品前要做好功课，这样在直播时就能够更好地激发消费者的购物热情。

首先，主播在准备产品时，要仔细研究产品的优缺点。有些产品的优缺点是由产品特定的材质、使用方法等决定的。例如，如果主播想要在直播中推销一款新款雪纺打底衫，那么"设计新颖""款式百搭"等就是产品特有的优点，而"质地轻薄""透气性好"等就是雪纺这种材质的优点。此外，"易变形""易勾丝"等就是雪纺这种材质的缺点。

为了更好地了解产品的优缺点，主播可以通过向厂商询问、阅读报纸和杂志、试用等方式多方面了解产品的优缺点。同时，主播还要区分产品的哪些缺点是由于产品本身的不足导致的，哪些缺点是这一类产品所固有的。

其次，在明确产品优缺点的基础上，主播还要掌握弥补产品缺点的方法。例如，某种产品比较难清洗，主播就要了解清洗这种产品的一些小技巧，在直播过程中将这些小技巧分享给消费者。

最后，在展示产品流程的设计上，主播可以有技巧地向消费者介绍产品。主播需要重点介绍产品的优点，同时也应讲明产品的缺点。如果主播对产品的缺点避而不谈，那么就容易引起消费者的抱怨，这也会使主播失去信用。所以，主播要让消费者了解产品的缺点，同时重点向消费者介绍产品的优点。主播可以先简单讲明产品的缺点，再详细讲解产品的优点，这样会取得更好的推销效果。

4.1.2　安排介绍顺序，确定压轴产品

在展示产品前，主播要安排好直播中所需展示的产品的顺序。这样不仅有利于合理地安排直播内容、把控直播流程，同时还会带给消费者更好的观看体验。

在安排要展示的产品的顺序时，主播可以根据产品的品类、风格、受众等对产品进行分类。将产品分好类后，主播可以统一地讲解同一材质的产品的特点、相同类别产品的功效等。这能够有效提高主播直播销售的效率。

在为要展示的产品进行排序时，主播要掌握一些为产品排序的小技巧。例如，主播可以采用以下两种排序方法对产品进行排序。

（1）新品折扣类—品牌经典类—品牌清仓类

"新品折扣类—品牌经典类—品牌清仓类"是十分常见的排序方式。首先，主播在展示产品时先向消费者展示新品折扣产品的好处十分明显。"新

品""质量好""折扣优惠"等关键词能够在直播开始时就吸引消费者的目光，激发消费者的购物热情。

同时，主播在展示新品折扣产品时，除了要介绍新品的特点、折扣详情以外，还要重点介绍产品的品质优势，如"羊毛材质透气柔软""化妆品纯天然、易吸收"等。这些对产品品质及特性的讲解，能够为接下来的产品展示做好铺垫。

其次，在展示完新品折扣类产品之后，主播可以顺势介绍该品牌的经典类产品。主播在介绍新品折扣类产品时，因为已经详细地介绍过该品牌的产品优势，所以消费者已经对该品牌产品的品质有基本的了解。

在展示经典类产品时，主播除了要进一步强调产品的品质优良等优势以外，还要着重介绍经典类产品的销量。这是经典类产品的卖点。对于追求品质的消费者而言，经典类产品是很有吸引力的。因此，对经典类产品的介绍也能够激发消费者的购物热情。

最后，主播可以在展示产品的最后阶段展示品牌清仓类产品。这类产品的质量也是有保证的，只是在产品款式、颜色、尺码等的选择上十分有限。经过前面两种类别产品的展示，消费者已经对产品的质量、特点等有了较深刻的认知。所以，即便是款式单一、断码的产品，也能够得到那些追求实惠的消费者的抢购。品牌清仓类产品也能够在展示产品的最后激发消费者抢购的热潮。

（2）依照"春、夏、秋、冬"季节排序

对于一些特定的产品品类，主播可以按照季节的顺序为产品进行排序。例如，在整体介绍店铺的服装时，主播可以按春、夏、秋、冬四季为服装进行排序；在介绍某品牌的口红时，主播也可以依据口红适合使用的季节为口红进行排序。

提前安排好展示产品的顺序能够给消费者带来更舒适的观看体验，主播也可以通过安排产品的展示顺序一次次地激发消费者的购物热情。

4.2 展示时

完成了展示产品的前期准备，主播也要掌握产品展示时的方法和技巧。怎样展示产品才能够刺激消费者下单呢？主播要明确消费者需求，注重消费者的观看体验，强化消费者对于产品优点的记忆，同时也要激发消费者对于产品的想象力。

4.2.1 重点介绍消费者想要的、想听的

主播在展示产品时，必须要抓住消费者的需求，重点介绍消费者想要了解的内容。以美妆产品为例，主播在介绍产品时可以重点介绍以下六个方面，这些都是消费者需求的重点内容，如图 4-1 所示。

（1）品牌故事

主播可以和消费者分享品牌创立及其发展过程中有意义的事情，分享一些经典的品牌故事。这些能够体现品牌的理念，加强消费者对品牌的认知。

（2）产品成分

近年来，消费者对产品成分的关注度越来越高，越来越关心产品的成分究竟有什么、这些成分是否对身体有害等。同时，他们也愿意为含有某种成

分的产品买单，例如，含有氨基酸的洗面奶、含有维生素 B 的舒缓修复乳液
等。因此，主播在介绍产品时需要详细讲明产品的成分，表明产品中不含有
害成分，并讲明产品所含特殊成分的功效等。

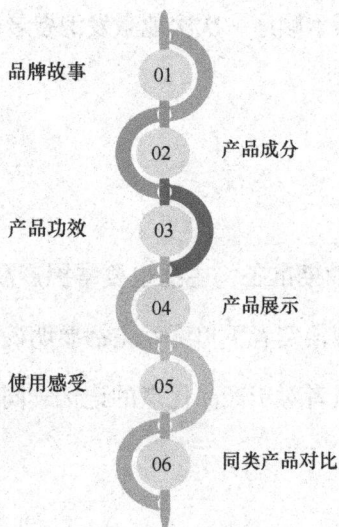

品牌故事   01

02   产品成分

产品功效   03

04   产品展示

使用感受   05

06   同类产品对比

图4-1 介绍产品的重点内容

（3）产品功效

很多主播在介绍美妆产品时都会重点介绍产品的功效，这也是消费者非
常关注的一个方面。主播要依据自己的使用感受如实地讲解产品的功效，不
可夸大产品的功效，更不能进行虚假宣传。

（4）产品展示

主播在进行产品展示时，可以围绕产品讲解多方面的知识，如产品外观
设计、使用技巧、使用效果等。

① 产品外观设计：主播可以介绍产品的设计特点，以及设计的优势。

② 使用技巧：主播可以在直播中试用产品以展示产品的使用技巧，也

可以进一步展示该产品与其他产品搭配使用的技巧等。

③ 使用效果展示：对于粉底、眼影等美妆产品，主播可以展示其上妆效果，让消费者明确地了解产品的使用效果。

（5）使用感受

主播可以从使用前皮肤是什么状态、使用后皮肤状态的变化，讲解使用产品后的感受。

（6）同类产品对比

主播可以选择一些其他同类型产品，分析其不同之处，从而凸显该产品的优势。

在展示产品时，主播需要从消费者的需求出发，详细地为消费者介绍产品外观设计、产品成分、产品功效等多方面的优势。只有让消费者充分了解产品的优势，才能够激发消费者的购物热情，从而提高产品的销量。

4.2.2　增加试用环节，为消费者营造体验感

相对于传统的网上购物方式，许多消费者都愿意通过观看直播来购物，这是因为这种购物方式能够带给消费者更好的购物体验。消费者可以通过主播试用产品看到产品的实际效果，从而更愿意购买产品。

为了更好地向消费者传达试用产品的真实体验，主播需要尽可能地将自己的真实体验表达清楚，让消费者充分感受到产品的功效。在展示产品时，主播可以从以下几个方面入手，做好产品的体验介绍。

（1）抓住消费者的情感需求

主播在展示产品时，需要抓住消费者的情感需求，并将消费者对产品的

情感需求与产品捆绑在一起，以达到产品销售的目的。要想更好地抓住消费者的情感需求，主播需要分析消费者的特点，找出他们的痛点，并结合产品的特性分析产品。

（2）生动形象地介绍使用体验

主播要生动形象地介绍产品的使用体验，让消费者更直观地有所感受。主播要避免生硬地介绍产品的使用体验，否则会降低消费者的感受，不利于产品的销售。

（3）内容创意不可少

每种产品都会有许多同类产品，主播如何做才能让消费者看到自己的产品？如果主播能够将产品体验表达得足够有创意，就能够使自己的产品在千万种同类产品中脱颖而出。所以，主播在描述产品体验时要加入自己的创意。有时一个出人意料的小点子就能够成就一个产品，这就是创意的魅力。

总之，主播在展示产品时，要注重介绍产品的使用体验，讲出自己使用产品的真实感受，并辅以创意性的内容表达，才能够更好地激发消费者的购物热情，从而实现产品的销售。

4.2.3 放大产品的优点，塑造高性价比

在展示产品的过程中，主播需要放大产品的优点，塑造产品的高性价比，激发消费者的购物热情。产品的优点和产品的优惠是塑造产品高性价比的两个方面。在展示产品的过程中，主播需要对这两方面做重点介绍。

以销售服装为例，在直播的单品介绍环节，主播可以对每件服装的外观、材质、式样、尺码、着装场景等进行5分钟左右的介绍。在展示服装的

环节，主播可以对该款式的外观进行详细描述，以便放大产品的优点，强化消费者的记忆。例如，主播可以说："这件外套带有几何波浪纹，两边是收腰的，款式十分新颖。"

形象化的说明可以让消费者进一步了解产品的优点。在试穿服装的时候，主播需要说明服装的材质、服装适合的体型和适合穿着的场景等。例如，主播可以说："我现在穿的这套工装裙是羊毛针织裙，同时又是灯绒袖。这样的款式适合多种体型，非常适合上班时穿搭。"

如何塑造产品的高性价比？这需要主播做好以下三个方面，如图4-2所示。

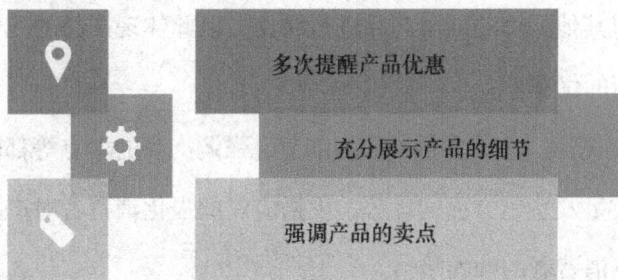

图4-2　如何塑造产品的高性价比

（1）多次提醒产品优惠

产品的优点能够体现产品的价值，而产品的优惠能够塑造产品的高性价比。因此，在直播过程中，主播也需要多次提醒消费者购买产品所能享受的优惠，例如，"现在下单享受 9 折优惠""本件产品 8 折促销"等。对产品优惠的多次提醒也能够强化消费者对产品高性价比的认知，从而激发消费者的购物热情。

（2）充分展示产品的细节

很多主播在展示产品时都会把产品贴近镜头，以清晰地向消费者展示产品的颜色、纹理等细节。主播可以对着镜头摸一下衣料的材质，用指甲轻划一下皮具等，展示产品有非常好的手感和质感。同时，主播还可以适时展示产品的生产细节。例如，"这个裙子的镂空做得十分精致，同时裙摆的荷叶边更显俏皮"。这种细节的展示能够强化消费者对产品优点的认知，有利于激发消费者的购物热情。

（3）强调产品的卖点

在推荐产品时，主播可以把重点放在产品的卖点上，如产品的材质、款式等。例如，"包包用的是 PVC 材质，耐磨且防水，这款包的性价比十分高"。主播还可以与其他品牌的同类产品进行对比，以此体现产品的性价比或者产品在其他方面的优势。

突出产品优惠、充分展示产品的细节、强调产品的卖点等都能够彰显产品在价格、质量及特色方面的优势，主播应以此强化消费者对产品高性价比的认知，激发消费者的购物热情。

4.2.4 无法展示的功能要具体描述，凸显自己的专业性

徐晶主要推销的是童装，其直播间销售的服装与其他直播间的服装并没有太大差别。但是，其直播间的销量却远高于其他直播间，这是为什么呢？原因就在于徐晶为消费者介绍产品时，总会营造一些孩子穿上童装时的场景，这能够充分激发消费者的想象力，促使消费者快速下单。

例如，徐晶在介绍一款童装时，首先对这款童装的材质进行了介绍："大家是否经常为清洗孩子的衣服而苦恼呢？六七岁的孩子正是活泼、爱动的年纪，衣服经常脏、经常换都是不可避免的事情，但是这款衣服能够免去您的

许多烦恼。它使用的是涤纶面料，十分容易清洗。穿上这件衣服，孩子能够放心大胆地玩耍了。同时，您也不必再为衣服难清洗而发愁。"

紧接着，徐晶又详细介绍了这件衣服的设计亮点："这款衣服制作精良，柔和的颜色、时尚的拼接都为其增色不少，衣领处还设计了荷叶边，十分漂亮。穿上这件衣服，您的孩子就是班级里最靓的小朋友。"直播间的消费者听了介绍后纷纷下单，这件童装很快就成了徐晶直播当天的爆款。

为什么徐晶的介绍能够吸引消费者下单？原因就在于她在展示产品时加入了联想式的场景描述。通过徐晶的描述，消费者很容易就想起了平时清洗孩子衣服的难题，也能够在徐晶的引导下想象自己的孩子穿上这件衣服时神气的模样。通过引导消费者产生联想，徐晶成功地吸引了更多的消费者购买衣服。

主播在展示产品时，通过场景式描述引发消费者的联想，能够使消费者在此过程中加深对产品的认知，同时其也会更加认同主播的观点。这对于消费者购买产品具有有效的引导作用。

4.2.5　适时停止对产品的介绍

在介绍产品时，主播要把握介绍产品的流程，适时停止对产品的介绍，以免消耗消费者的购物热情。如何做到适时停止对产品的介绍？主播要注意两个方面。

一方面，主播对产品的介绍不应太多，讲明产品的重点内容就可以了。消费者购买产品的转化率和消费者停留在产品页面的时间在一定条件下是成反比的。一般而言，当消费者在产品页面的停留时间超过1分钟时，消费者购买的转化率就越低；当消费者的停留时间超过2分钟时，消费者购买的转化率就会下降得更加明显。因为消费者在产品页面停留的时间越长，考虑的因素也会越多，很有可能就会在犹豫之后放弃购买了。

在主播直播带货的过程中，这样的消费心理对于观看直播的消费者而言同样适用。当主播推荐完一款产品时，想要购买该产品的消费者的购物欲望已经达到了顶点，这时主播就应该立刻放出产品购买链接。如果主播继续对产品做冗长的介绍，反而会消减这部分消费者的购买欲望。

例如，一位主播向消费者推销一款家用健身产品，许多健身爱好者在听过该主播的介绍后产生了购买欲望，只等主播放出链接后马上购买。但是，这位主播并没有及时将链接发送给消费者，却因担心自己对产品的介绍还不够全面而继续介绍该产品的优点。在这位主播冗长的介绍中，原本购买欲望达到顶点的部分消费者开始思考这款健身产品是否适合自己、在使用产品时发出的噪声会不会影响他人等。在考虑到这些因素后，一些本来想要购买该产品的消费者打消了购买的想法。等主播终于放出产品链接后，下单的消费者并不多。

主播想把产品介绍全面的想法是对的，但这往往会给消费者留下更多犹豫的时间。而在犹豫的过程中，消费者的购买欲望或许就消失了。主播展示完一件产品之时，正是消费者购物欲望最强烈的时刻。主播要把握好这个关键节点，及时放出产品的购买链接，让消费者在购物热情最高涨时迅速下单。

另一方面，主播一定要讲完产品的重点内容再停止介绍，不能随意中断介绍，否则消费者很可能会一头雾水，就更不会购买产品了。主播要想让消费者在情绪高涨时购买产品，就必须带动消费者的情绪，在成功地引起消费者的购买欲望后才能停止产品展示。

因此，主播在停止介绍产品时需要注意以下两点。

第一，主播需要明确自己是否已经将产品的重点内容完全展示给消费者，并且明确自己的介绍是否激发了消费者的购物热情。如果主播没有介绍完产品的重要内容就停止了，那么消费者也很难对产品感兴趣。

第二，主播需要在激发消费者的购物热情后及时停止对产品的介绍。例如，一位主播在推销一款针对女性开发的美图拍照手机时，展示了手机的拍照、美图等重点功能，利用手机惊人的像素和强大的美图功能成功吸引了消费者的关注。然后，该主播关掉了直播间的灯，在黑暗中又自拍了一张，展现了这款手机在黑暗环境中的强大的人像捕捉能力。很多消费者都惊奇于这款手机在黑暗中拍照的功能，纷纷让主播换个场景再拍照试试。

这时主播就觉察到已经有部分喜爱拍照的消费者对该手机产生了购买欲望，于是讲道："其实这款手机还有一个让人惊喜的拍照功能，我在这里就不展示了，最后的惊喜功能留给大家自己发现！发现的朋友可以在收货后私聊我，还有小礼物赠送哦！"主播以设置悬念的方式及时停止了对产品的展示，极大地刺激了消费者的购物热情。

主播适时停止对产品的介绍，能够让更多消费者在购物热情最高涨的时刻购买产品，这对于提高直播间的销量是十分有帮助的。

4.2.6 讲明售后服务，让消费者无后顾之忧

主播在展示完产品后及时讲明产品的售后服务，消除消费者的后顾之忧，就会吸引更多消费者下单。

例如，某主播在直播间推销一款手机，该手机性能不错，价格也十分划

算，而且在直播间下单还有小礼品相赠，但是消费者的热情并不高。主播感到有些疑惑，这时她注意到弹幕中很多消费者都在询问手机的售后问题，于是连忙说道："除了以上福利之外，这款手机的售后服务也十分有保障。凡是现在下单的朋友，都可以享受一个月内保修、耳机和充电器等配件三个月内包换、电池半年内包换的服务。"经过这番补充，许多之前对手机售后不明确的消费者纷纷下单购买，最终使这款手机获得了不俗的销量。

主播在直播的过程中，讲明产品的售后服务十分有必要。许多产品都提供保修、保退换等服务，主播要在介绍产品的过程中讲明产品的售后服务，这能够使消费者消除疑虑，快速下单。

除了在直播中讲明产品的售后服务以外，主播也要切实做好售后服务工作，及时处理消费者反馈的售后问题，包括产品及赠品发错、产品优惠价格与活动规则不符、产品存在质量问题等。如果售后问题是由于主播失误造成的，则主播需要及时改正失误并对消费者做出补偿；如果售后问题是由于消费者对活动规则存在误解导致的，则主播需要及时对消费者介绍活动规则，消除消费者的误解。此外，主播也要与消费者保持长期沟通，询问其对售后服务的意见或建议，根据其反馈不断完善产品的售后服务。

直播

第5章

消除犹豫:

让消费者付款前不纠结

直播带货的过程中可能会出现这种情况:有些消费者明明对产品很动心,却迟迟不肯下单。对此,主播要掌握各种促成交易的方法,刺激消费者尽快下单。同时,主播也要在与这些消费者进行沟通的过程中分析消费者难以快速下单的原因,在把握消费者需求的前提下,对不同的消费者采用不同的方法,有针对性地刺激消费者购买产品。

5.1 消费者为什么会犹豫

消费者在下单前产生犹豫一般有以下几个原因：怀疑产品的真实性、产品并非刚需、产品价格较高。对于这些情况，主播需要分析消费者心理，采用合适的方法帮助消费者消除犹豫。

5.1.1 怀疑产品的真实性

很多时候，消费者会对产品的真实性产生怀疑，因此迟迟不下单。主播可以从以下几方面入手，打消消费者对产品真实性的疑虑，如图5-1所示。

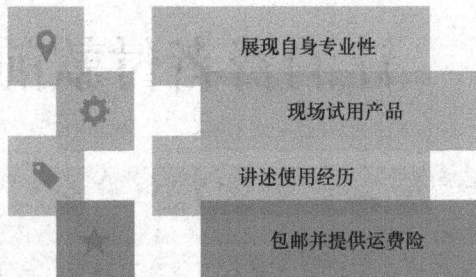

图5-1 如何打消消费者对产品真实性的疑虑

（1）展现自身专业性

主播在日常直播中需要适当展现自身的专业性。例如，推销美妆产品的主播可以在直播中多展现自己的化妆技巧；或者当消费者就某个问题提出疑问时，主播能够及时解决等。主播在消费者面前展现得越专业，就越能得到消费者的信任。消费者在认识到主播是其所售产品领域的专家时，也就不会再怀疑其所推销产品的真实性。

（2）现场试用产品

对于一些在试用后能够马上显示功效的产品，主播可以在直播时现场试用，打消消费者的疑虑。例如，主播推销美妆类产品时，可以在直播中向消费者展示该产品的上妆效果；推销某些零食时，也可以在直播中直接试吃，如实告诉消费者零食的口味和口感，以此帮助消费者选择自己喜欢的零食。

（3）讲述使用经历

当所销售的产品无法在现场试用后立刻显出效果时，主播就需要用自己的试用经历打消消费者的疑虑。以销售某款祛痘痕的面霜为例，主播在对面霜做完介绍后，可以向消费者讲述自己在试用这款面霜后皮肤获得的改善，还可以在试用面霜的过程中拍下皮肤变化的对比照片，并在直播时向消费者进行展示。

（4）包邮并提供运费险

如果在展示完产品的真实功效后，依然无法打消部分消费者对产品真实性的怀疑，那么主播还可以通过提供包邮和赠送运费险的服务，降低消费者的决策成本。主播可以告知消费者产品包邮，并赠送运费险。如果消费者认为在使用产品后没有达到主播所说的效果，那么就可以免费退换产品。以降低决策成本提高消费者对产品的信任度，是促使消费者快速下单的好方法。

5.1.2 产品并非刚需

消费者在下单之前会犹豫产品对于他们而言是否为刚需。主播需要营造产品的使用场景，以此引导消费者意识到自己对产品的需求。

很多时候，单纯的语言推销并不能让消费者感受到某些产品对生活的重要性。只有主播将该产品的具体使用场景展现给消费者，消费者才能够了解到自己对于这些产品是存在需求的。

薇娅就曾经在直播中推销过某品牌的牙线。对于大部分消费者而言，牙线并非刚需产品。那么，薇娅是如何把这款牙线推销出去的呢？薇娅没有单纯地向消费者讲解这款牙线具有哪些优点，而是和直播间的嘉宾一起扮演了家长和孩子，模拟了生活中的一个场景。

家长在饭后使用牙签剔牙，孩子看到后很好奇，也拿了一根牙签模仿家长剔牙。但是，牙签两端非常尖锐，孩子的手一不小心就被牙签戳破了，流了许多血。

这样的场景使许多消费者感到后怕。同时，他们也意识到使用牙线对喜欢模仿家长行为的孩子而言更安全。再加上牙线并不贵，消费者自然就购买了牙线。就这样，薇娅通过营造一个场景就把牙线变成了部分有孩子的家庭的刚需品。

场景营造对于产品的成功推销起着至关重要的作用。主播在让消费者看到一件产品的使用场景的同时，也引发了消费者对于该场景的体验向往，产生了情感上的共鸣。

主播利用场景营造将非刚需品变成某种场景中的刚需品，让消费者明白该产品在某种场景中的必要性，才能顺利让消费者下单。

5.1.3 产品价格较高

出于对产品性价比的考虑，部分消费者在看到产品价格较高时就会犹豫。要想让这部分消费者下单，主播可以通过以下几种方法打消消费者对产品价格的顾虑，使消费者认识到主播推销的产品物有所值，因而不再犹豫，快速下单，如图5-2所示。

图5-2　打消消费者对产品价格的顾虑的方法

（1）对比法

有时候，主播所推销产品的价格较高，是因为产品的市场价格本来就很高。然而，即使消费者觉得产品的价格较高，但与同类产品相比，主播所给出的价格依然是较低的。在这种情况下，主播可以通过向消费者展示同类产品的价格，表明自己所推销产品的价格优势。

主播通过直观的价格对比，让消费者明确自己所推荐产品的价格优势，能够有效地刺激消费者快速下单。此外，主播也可以向消费者强调直播间的减满、折扣等优惠活动，进一步打消消费者的顾虑。

（2）强调性价比

当主播所推销产品的价格在同类产品的价格中不占优势时，就要强调产品的性价比。主播可以从产品的质量入手，反复向消费者强调自己推销的产品比同类产品的质量更好、性价比更高。

消费者都想购买到性价比更高的产品。在产品价格相差不大的情况下，如果主播所推销的产品的质量更好，那么其在同类产品中的竞争力自然也会更强。主播反复强调产品的性价比优势，能够让消费者打消对产品价格的顾虑，从而快速下单。

（3）拆分法

当消费者认为主播所推销产品的价格较高时，主播也可以将产品价格高的原因——剖析出来，从制造产品所需的创意、人力、物力等各个方面进行分析，使消费者了解到产品的制作难度和独特的价值。例如，主播推销的鞋子都是店铺手工制作的，这时主播就可以向消费者强调鞋子的选料严谨、设计独特、手工制作等特点。在充分认识到产品的价值之后，消费者就会认为产品的价格是合理的，也就会欣然下单了。

5.2 报价促成交：玩转标价攻心计

在直播带货的过程中，主播要时刻把握消费者的心态，明确消费者的诉求。在产品的报价环节，主播并不是单纯地将产品的价格报出来就可以了，而是要充分满足消费者追求实惠的心理。如果主播报出的价格不能让消费者感觉到实惠，那么就难以激发消费者的购物热情。因此，主播需要使用一些报价技巧让消费者感觉到产品价格的实惠。同时，主播也要了解报价的注意事项，避免走入报价误区。

5.2.1 锚点价格：原价499现价299

为产品设定一个锚点价格是主播需要学会的基本报价技巧。设置锚点价格就是为产品设定一个可供参考的更高价，利用产品的价格对比，让消费者感受到产品在直播中的销售价更加实惠，促使消费者下单。

设置锚点价格是商家常用的一种报价方式。例如，迪士尼乐园就用设置锚点价格的方式销售年卡，其销售的年卡分别有以下三种。

（1）可以在周日进园游玩的年卡，售价为1299元。

（2）可以在周日和工作日进园游玩的年卡，售价为1599元。

（3）全年不限时进园游玩的年卡，售价为3299元。

大多数消费者在经过权衡之后，都会认为售价3299元的年卡价格过高，而且只比售价1599元的年卡每周多了一天可游玩时间；而售价1299元的年卡虽然比售价1599元的年卡便宜，但每周却少了五天可游玩的时间。经过这样一番对比，大多数消费者都会认为售价1599元的年卡最划算，于是纷纷选择办理这张年卡。而这张年卡才是迪士尼最想要销售的年卡。

在这个案例中，其他两种类型的年卡的售价1299元和3299元就是两个锚点价格。

出于追求实惠的心理，消费者在购物时都会希望自己购买到性价比更高的产品。主播可以通过告知消费者产品原有的更高价格来让消费者认识到产品的价值，然后把产品现在的优惠价格报给消费者。这样更能让消费者直观地感受到自己现在购买该产品是获得了优惠，从而积极下单。

例如，在某次直播中，某主播需要销售一款价格为299元的真皮皮鞋。如果该主播在介绍产品的一开始就告诉消费者这款真皮皮鞋的价格是299元，可能会有一部分消费者认为299元是一个过高的价格；也可能会有一部分消费者认为这双真皮皮鞋定价299元，是因为皮鞋的质量有问题。因此，两部分的消费者都不会愿意购买这款皮鞋。

主播在报价前需要反复强调这款真皮皮鞋的原有价格，再报出其现在的优惠价格。主播可以说："今天我们店铺的真皮皮鞋清仓处理,现在以成本价格销售,原本售价499元的真皮皮鞋今天只卖299元。"通过和主播报出的皮鞋原价对比,消费者可以直观地感受到现在价格的优惠,此时购买这款真皮皮鞋更加划算。在了解到这一点后,消费者也就会欣然下单了。

主播为产品设定锚点价格,不仅能够让消费者对产品形成初步的价值判断,也为消费者对产品价格的分析提供了依据。消费者能据此分析出哪一种产品套餐最划算,了解到和之前相比,现在购买产品更加划算。这都能够有效激发消费者的购物热情,实现产品销售的目的。

5.2.2 设置诱饵项:大牌平价替代款

当产品存在价格竞争优势时,主播可以通过为产品设定锚点价格的方式让消费者了解到产品的价格实惠。但当产品在价格方面不存在竞争优势时,主播要想让消费者迅速认识到产品的价值并愿意购买,则不妨寻找一些同类的大牌产品与自己推销的产品进行对比,让自己推销的产品成为大牌平价替代款。

主播可以将自己推销的产品与同类大牌产品进行对比,使消费者直观地了解到该产品的价值。当消费者产生了"该产品能够替代某大牌产品"的认知后,主播再对产品进行报价。此时,消费者已经认识到了该产品的价值,其价格又远低于大牌产品,消费者自然会觉得该产品十分划算,从而愿意购买。大牌产品的价格和主播所推销产品的价格之间的差距,能够使消费者迅速了解到主播所推荐产品的高性价比。

消费者在购物时最关注的还是产品的性价比。很多大牌产品的质量优异,价格也十分高昂。这是因为其价格中不仅包括产品的成本，还包括品牌溢价。而一部分消费者并不愿意为大牌产品的品牌溢价买单。

主播需要明确自己所推销产品的卖点以及目标消费者。在进行宣传时，主播应多次强调该产品拥有和大牌产品不相上下的质量，或能够达到和大牌产品几乎相同的功效，价格也远低于大牌产品的价格，是大牌产品的平价替代款。对于注重性价比的消费者而言，大牌平价替代款产品能够更加满足他们的需求。

主播在利用大牌产品为自己推销的产品做宣传时，也可以借助消费者对大牌产品质量、功效等方面的认知，使消费者对自己所推销产品的质量、功效等形成初步的了解。这样主播在接下来的推销中就能够以自己所推销产品的高性价比为卖点，激发消费者的购物热情，使消费者在大牌效应和高性价比的双重刺激下迅速下单。

例如，李佳琦在推荐"完美日记"的口红时，就经常将其与其他大牌口红作对比。

"这支口红的颜色和YSL某色号的颜色几乎一模一样！"

"这不就是TF367号的颜色吗！"

这样的推荐语在李佳琦的直播间中十分常见，李佳琦将他推销的"完美日记"口红的使用效果与大牌口红的使用效果进行对比，使消费者能够直观地了解"完美日记"口红的使用效果与大牌口红的相似度。在消费者认为购买"完美日记"的口红既能得到大牌口红的使用效果，又能得到实惠价格的情况下，相比购买更贵的大牌口红，更多的消费者会愿意花更少的钱在李佳琦的直播间里购买"完美日记"的口红。

"大牌平价替代款"这个标签能够有效地激发消费者的购物热情。主播在利用这个标签宣传自己推销的产品时，也不能随意地讲某件产品就是大牌产品的平价替代款。如果主播所推销产品的质量或功效与自己宣称的该产品能够替代的大牌产品的质量或功效相差太多，那么主播就会失去消费者的信任。主播在利用这个标签宣传产品、对产品进行报价时，必须要以事实为基础，找到自己所推销产品中能够替代大牌产品的优势点。

5.2.3 先明确产品优势，让消费者觉得物超所值

主播在推销一款产品时，不要在一开始介绍产品时就报出产品的价格。消费者在不了解产品的情况下，难以判断产品的价格是否合理。而且，一旦消费者先了解了产品的价格，之后再听主播介绍产品时，就会不断地将产品和其价格作对比。但是，这样的对比往往会使消费者更加挑剔，并对产品的价格产生异议。

主播应该先将产品的卖点介绍给消费者，让消费者明确产品的优势。当消费者对产品有了足够的了解后，主播再进行报价，这样更能够使消费者接受产品的价格。例如，主播想推销一款价格为 300 元的裤子，如果主播在一开始介绍产品时就表明这款裤子的价格为 300 元，那么一些消费者可能听到这里就退出直播间了。因为对于一部分消费者而言，他们不会买一条 300 元的裤子，也不会继续了解这条裤子的价值。

要想把这款裤子推销出去，主播就不能在介绍这款裤子之前先报出价格。主播可以先介绍："今天，我给大家推荐的这款裤子是这个品牌的经典款，裤子选料严谨、制作精良，在裤腿分割、腰头设计方面都非常独特。此外，

这款裤子也十分修身，是春秋季节百搭的爆款产品。"

主播介绍了这款裤子的优点后，一些消费者就有了购买这款裤子的想法。此时，主播再顺势报出价格："这款裤子售价是300元。"可能会有一些消费者认为裤子的价格偏高，但他们已经了解了裤子的价值，明白了价格贵的理由，因此他们也会愿意下单。

主播在报价前充分讲解产品的优点，能够让消费者明白产品的价值，大部分消费者在购买产品时都希望购买到最适合自己的产品。如果主播对产品的介绍激起了消费者的购买欲望，那么他们对产品的价格就会放松要求。所以，先明确产品优势再报价的方式，对于主播的推销而言是十分有利的。

再例如，某主播在推销一款面霜时，刚把面霜拿出来就向消费者讲道："本款面霜优惠促销，今天下单只需要199元。"虽然面霜有优惠，但在直播间下单的消费者却非常少。如果主播在介绍产品的一开始就报出产品的价格，那么会让很多消费产生疑问：这件产品值这个价格吗？产品的价格还有没有优惠的空间？如果主播不能解决消费者的这些疑虑，就很难让消费者下单。

同样是推销面霜，另一位主播的做法就有所不同。该主播在推销时是先和消费者聊天："前几天脸上长痘了，当时让自己十分心烦。正好昨天店铺新上了一款面霜，主要功效就是祛痘。从昨天到现在，我一共涂了三次，脸上的痘痘果然消了不少。这款面霜祛痘真的十分有效。"

讲完这些，主播才将这款面霜展示给消费者，并且一边展示，一边继续介绍："我是敏感肌，用这款面霜也没有什么过敏反应。同样是敏感肌的朋友们真的不能错过。除了祛痘外，这款面霜还能够改善皮肤的水油平衡问题。

我今天就感觉脸上清爽了很多，脸上经常出油的朋友们也可以买来试一试。"

该主播先对面霜进行了详细的描述，并且通过自身的使用体验让消费者更加相信这款面霜的功效。同时，主播的介绍让消费者明确了该面霜的优点，激发了消费者的购物热情。

这时，主播终于报出了价格："这款面霜是店铺新上的产品，现在下单享受 8 折优惠，只要 199 元。平时大家解决痘痘、改善皮肤的水油平衡问题都要买两款面霜。今天，这一款面霜就能解决这两个问题，相当于花一款面霜的钱，买了两款面霜。想要尝试的朋友们可要抓紧时间下单哦！"

其实，该主播所推销面霜的价格在同类产品中并不占优势，但是该主播通过详细的讲解，抓住了部分消费者的痛点，使他们对该面霜所能达到的效果产生了期待。消费者对产品的期待值越高，其对产品价格的接受程度也就越高。主播只需要抓住时机报出价格，就能让更多消费者愿意购买产品了。

5.3 促成交易的三大方法

在推销产品的过程中除了掌握一定的报价技巧以外，主播也可以使用一些促成交易的方法打消消费者的犹豫。从众成交法、假设成交法、限时优惠法等都是能够促成交易的有效方法。

5.3.1 从众成交法

从众成交法是指主播利用消费者的从众心理，促使消费者快速下单。主播在使用从众成交法时，必须分析消费者的类型和购买心理，有针对性地促使消费者快速下单。

例如，一位消费者看中了一套化妆品，却没有想好要不要买。主播可以说："您真有眼光！这套化妆品是本店的销量冠军，每月都会卖出 5 千多套，许多女士都会选择这一套化妆品。"如果消费者继续犹豫，主播还可以说："其实，我自己用的也是这一套化妆品，从上架到现在使用了差不多三个月，美白效果十分不错。"经过主播这样劝说，消费者就很容易决定购买了。

从众成交法遵循了消费者的从众心理，主播在使用从众成交法时可以降低销售劝说的难度。在大多数情况下，从众成交法都是十分有效的。但是，这种方法对于追求个性、喜欢表现自我的消费者而言，常常会起到相反的作用。

在使用从众成交法时，主播向消费者表明的各种数据必须是真实可信的。也就是说，主播要以事实为依据，不能以虚假信息欺骗消费者，否则会极大地影响自己的信誉。

5.3.2　假设成交法：扫码加客服，30天内包退换

假设成交法是指在销售过程中，主播假设消费者已经购买了产品，并与消费者进行交流。在交流的过程中，主播可以通过逐步深入地提问，引导消费者做出反应。主播要分析消费者的心理，在明确消费者已经有购买意向的情况下，可以使用假设成交法促成交易。

在推销产品时，主播可以询问消费者："大家更喜欢粉色款，还是黑色款？""大家更中意 A 套餐，还是 B 套餐？"或者告知消费者："大家可以扫

码加一下客服，30天内包退换。"如果主播以消费者一定会购买产品为前提向消费者提问，消费者就很容易被带入这样的假设中。

例如，一位主播在推销某款运动鞋时，当下单的高峰期过去后，运动鞋已经销售出了很多，只剩下很少一部分库存。这时，主播为了刺激还在观望的消费者尽快下单，于是讲道："这款鞋，大家还需要什么尺码？现在库存里这款鞋的尺码不是很全了，大家可以先在直播间报一下自己需要的尺码，我先帮大家预留一下。"

这就是一个使用假设成交法的案例，主播没有问还有没有想要下单的消费者，而是假设消费者已经准备购买这款鞋了。随后，主播询问消费者需要的尺码是多少，向消费者明示运动鞋的库存不多了，后面想买的消费者可能会买不到自己需要的尺码。消费者听到主播的这番话后，也会产生紧张感，从而迅速挑选适合自己的尺码，完成下单。

使用假设成交法可以节省主播推销产品的时间，提高推销产品的效率。在使用假设成交法促使消费者快速下单时，主播要先确定消费者的购物意向，明确消费者已经有了购买产品的需求后，才可以通过此方法促使其下单。如果主播在此前的介绍中并未激发消费者的购物热情，就断然采用假设成交，只会给消费者造成过高的成交压力，使消费者放弃下单。

5.3.3　限时优惠法：前一小时产品7折优惠

限时优惠法也是促成交易的有效方法，其遵循了消费心理学中的稀缺效应，能够有效激发消费者的购物热情，促使消费者快速下单。每年11月11日的淘宝狂欢购物节就是淘宝商家利用限时优惠促使消费者下单的最好案例。各种优惠活动只限一天，这给消费者营造了一种"错过今天还要再等一年"的紧迫感，很多消费者也会抓住时机在这一天下单，以便获得更多的实惠。同样，主播也可以利用限时优惠法促使消费者下单。

相比其他优惠活动，限时优惠更强调"限时"两个字。因此，主播在开展优惠活动前，应多强调该优惠"只限10分钟"或"只限半小时"，这样消费者就会认为优惠活动是稀缺的，如果错过就很难再等到了。"限时"二字可以放大优惠活动在消费者心中的价值，激发消费者的购物热情。

例如，一位主播想推销一款混音耳机，这款混音耳机是某厂商的新品，在这位主播的直播间内首次发售。由于耳机是新品，可能会有一些消费者持观望态度。为了获得更好的销量，这位主播选择用限时优惠法促使消费者下单。

这款混音耳机的原价和同类产品的市场价格相差无几，但是厂商为了打开销路，给了该主播7折的优惠。在实际销售的过程中，主播并没有把这个7折优惠直接报给消费者，而是在展示了耳机的原价后这样告诉消费者：

"为了回馈消费者，我向厂家争取到了一个7折的优惠价格。因为这款混音耳机是新品，厂家愿意多给大家一些折扣，让更多人能够体验到这款耳机。因此，7折真的是十分划算了。同时，这个超值折扣只限耳机上架后的第一个小时内，一个小时之后即刻恢复原价。"

主播的这番讲述突出了折扣的力度，又讲明了优惠是限时的。在优惠力度和限时紧迫性的双重刺激下，消费者的购物热情被极大地激发了，因而纷纷下单购买耳机。结果在上架后的一小时内，这款耳机的销量就突破了主播的预计销量。

如果该主播只向消费者介绍了耳机的 7 折优惠，并未加时间限制，那么即使了解了耳机的折扣，消费者也不会迅速下单。而消费者在犹豫的过程中，其对耳机的购物热情也会逐渐衰减，这对于主播提高产品销量而言是十分不利的。该主播为这个优惠加了一个时限，显示了优惠活动的稀缺性，提高了消费者的紧迫感，从而促使消费者打消犹豫，迅速下单。

5.4 促成交易的注意事项

直播间中的交易只有在消费者下单后才算真正完成。在此之前，无论直播间的气氛多么火热，消费者的反响多么强烈，主播也不能放松。在促成交易的过程中，主播需要时刻激发消费者的购物热情，并让消费者在购物欲望最高涨的时刻快速下单。

5.4.1 强调产品的优势，让消费者决定有需求

主播在推销一款产品之前，首先要研究该产品的目标消费人群。确定产品的目标消费者后，主播就要了解这些消费者最需求的是什么，他们的痛点在哪里，自己推销的产品能够怎样解决这些痛点。

为了让消费者下单，主播在推销产品的过程中可以先提出消费者的痛点，然后表明自己推销的这款产品可以解决这些痛点，以此强调产品的优势。这样的讲解能够极大地激发消费者的购买欲望，促使消费者下单。

李佳琦在直播中就经常用这种方式促使消费者快速下单。以李佳琦推销口红为例，每一款口红针对的肤色、肤质都不一样，他在口红试色后都会告

诉消费者："这个颜色适合黄皮肤，上嘴特别显白。"然后在放上口红链接前，他会不断强调："黄皮肤的女生必须买这款！真的很显白！"

很显然，这款口红的目标消费者是黄皮肤的女生。为了解决她们的痛点，李佳琦不断强调这款口红"适合黄皮肤""显白"的优势，让黄皮肤的女生感觉到这款口红确实可以解决她们的问题。因此，这些女生的购物欲望就被极大地提升了，从而会快速下单。

主播反复强调产品的优势，也是对消费者的心理暗示，一方面可以抓住消费者的痛点，另一方面也能够让消费者明确自己确实很需要这款产品，最终不再犹豫，决定下单。

主播在促使消费者下单时应注意，消费者购买产品一定是因为这件产品的优势符合他们的需求。所以，主播要想让更多消费者确定自己对产品存在需求，就要反复强调产品的优势。只要主播能够抓住时机，对产品的优势反复宣传，就能把消费者的购买欲望调动起来，让消费者在购买欲望最强烈的时刻迅速下单。

5.4.2 立即提出付定金或全款，不给消费者考虑的时间

当主播推销的是预订类产品时，可能在主播介绍产品的过程中，有很多消费者都会表达购买意向。但是，等产品上架后，这些消费者的购买欲望已经减弱了，因此真正下单的消费者可能并不多。消费者的购物热情是很容易消退的，为了成功地推销出产品，主播需要在消费者购物热情最强烈的时候让消费者快速下单，不给消费者考虑的时间。

梁宇是一家淘宝水果店的店主，同时也会通过直播的形式推销店铺里的水果。梁宇的店铺中的水果都来自于自家果园，每当一种水果成熟前夕，梁

宇都会在直播间预告即将上架的水果。

2019年4月，果园中的草莓即将成熟，梁宇在直播间详细介绍了草莓的品种、口味等，并向消费者预告了草莓的上架时间："草莓会在一周后上架商店，到时候大家一定不要忘记购买。"令梁宇感到意外的是，虽然观看直播的许多消费者都表明了自己的购买意向，但是草莓上架后的销量并不理想。

在经过反思后，梁宇认为草莓销量不高的原因就在于，自己在直播时并未及时满足消费者的购物需求。几个月后，果园里的桃子成熟了，在这次进行桃子的预售直播时，梁宇除了介绍桃子的品种、特点以外，还在直播间放了桃子的预售链接："桃子将在半个月后上架，想购买桃子的朋友可以点击链接预付定金，预订的订单在桃子上架后将会优先发货。同时，预付定金还会享受8折优惠。大家快来下单吧！"

经过梁宇这样的宣传，直播间里的许多消费者纷纷预订了桃子。半个月后桃子正式上架时，已经支付了定金的消费者也都纷纷购买了桃子。

主播在直播销售中要时刻把握消费者的购买欲望。一旦消费者表现出强烈的购买意向时，主播就要乘胜追击，立刻让消费者支付定金或者全款，不给消费者考虑的时间。这样做能够最直接地减少消费者犹豫的时间，提升产品的成交率。

第6章

促销法则：

如何让产品供不应求

如何提高产品销量？如何让产品供不应求？主播需要掌握各种促销法则，结合特殊的日子、当下时事、时令变化等开展各种促销活动。主播也可以开展各种限定式促销活动，全力激发消费者的购物热情。

6.1 纪念式促销

纪念式促销是主播开展促销活动的重要方法。在节假日、纪念日等重要的日子里，消费者的购物需求会空前高涨。如果主播在此时积极开展各种促销活动，就可以顺利地实现产品销售。主播还可以在店铺中设立会员日、制定特定周期，为消费者的购物制造理由。

6.1.1 节假日：99朵玫瑰，情人节5.2折

在节假日，消费者对于特定产品的消费需求会空前暴涨。例如，许多消费者会在情人节购买鲜花、在中秋节购买月饼等。如果主播在节假日用好、用对促销方式，就能够进一步激发消费者的购物热情，提高产品的销量。

2019年情人节前夕，刘先生在直播间提前开展了"99朵玫瑰，情人节5.2折"的促销优惠活动。尽管玫瑰花的快递费用不低，但自从开展促销活动以来，已经有不少消费者在刘先生的花店里网购了玫瑰花。在2月14日这一天，刘先生花店里的玫瑰花销量更是达到了平日的8倍。

如此划算的99朵玫瑰花5.2折的优惠活动，当然会打动不少消费者。刘先生在直播间告诉消费者："我们店针对情人节特别推出了个性化的5.2折玫瑰花产品。原价799元的99朵玫瑰花束现价只要415元，共4种搭配供大家选择。例如，这一款是知风草玫瑰定制花盒，用知风草和玫瑰花进行搭配，不仅层次设计感强，同时也强调了'我爱你'的主题。"

在介绍完各种玫瑰花产品后，刘先生还表示，消费者下单后，店铺会第一时间发货，市区内免费配送，其他区域要加收配送费，具体费用明细在产品详情页有展示。如果消费者有备注，那么店铺也会提供免费贺卡，并会按照消费者的要求填写留言。

另外，为了避免不必要的纠纷，刘先生在直播间和店铺内都张贴了温馨提示。

（1）由于鲜花属于生鲜产品，所以不支持七天无理由退换货。请消费者当面验货，如有问题，请在 12 小时内联系客服人员。

（2）鲜花包扎后无法进行二次销售，故因消费者问题造成的配送失败问题，店铺不承担相应责任。

（3）节日期间配送资源紧张，如果消费者需要更改配送订单信息，请提前 3 天告知客服人员。如果鲜花已经按照订单配送，则不接受更改信息，敬请谅解。

从以上提示可以看出，情人节的玫瑰花具有很强的时令性。所以，刘先生在开展玫瑰花促销活动时特别注意了配送安排及时间方面的问题。

节假日促销是常见的促销方式，以突出纪念性为主要特征，即在特殊的日子给消费者提供特殊的优惠权益。主播在节假日开展促销活动能够使促销产生更好的效果，不仅可以提高产品销量，还可以扩大直播间的知名度。

6.1.2　纪念日：生日期间消费有好礼相送

为生日期间的消费者免单、赠送小礼物等是常见的纪念日促销手段。在消费者生日当天进行促销活动，是因为这样能够为消费者带来不一样的消费体验，让消费者感觉到自己是幸运的，也是被重视的。

例如，主播可以在消费者生日当天为其发放优惠券，并附上生日祝福。消费者收到优惠券时会感觉到温馨，也能感受到主播的用心。为了体现自己的用心，主播在为消费者发放优惠券时一定要考虑到消费者的偏好，为其制定个性化的促销方案。

主播为消费者提供生日礼物或消费折扣是一种有效的促销手段，可以借消费者生日、结婚纪念日等具有纪念意义的日期，围绕其习惯偏好，展示消费者可能关心或感兴趣的产品或服务。

那么，怎样才能做好纪念日促销，发挥其最大功效呢？主播需要做好以下三个方面，如图 6-1 所示。

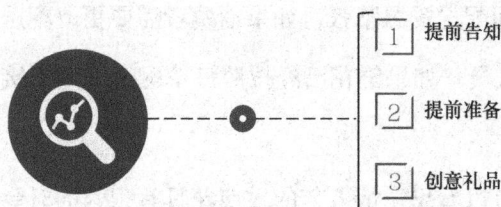

图6-1 开展纪念日促销的方式

（1）提前告知

纪念日促销是针对消费者纪念日当天的活动，但是有些消费者不一定事前知道主播有此优惠。所以，主播需要在消费者首次消费后主动询问其生日、结婚纪念日等日期，提前告知其纪念日的促销活动。主播也可以在直播间张贴温馨提示，让消费者知道该直播间提供纪念日优惠。

（2）提前准备

在消费者纪念日前夕，主播除了要提前告知消费者直播间的纪念日活动以外，还要为活动做好准备。例如，主播需要提前向消费者发放纪念日的优惠券，提前准备好赠送消费者的小礼品等，还要核实优惠券内容是否准确，是否具有针对性。只有符合消费者需求的优惠券和礼物，才更能获得消费者的欢心，激发消费者的购买热情。

（3）创意礼品

在纪念日促销活动中，主播也可以为消费者准备一些富有创意的礼品。礼品可以是直播间中某产品的个人定制款，这样不仅能够推广直播间，也能够显示主播的心意。主播需要向消费者重点介绍直播间的这个特色，还可以依据实际情况设置礼品获取的门槛。

纪念日促销的本质是以特殊的时间点为促销理由，为消费者提供购物优惠。纪念日促销能够提高消费者对主播的黏性，刺激消费者进行消费。

6.1.3　特定周期：每周一上新，新品8折优惠

除了节假日、纪念日以外，主播还可以根据直播间的实际情况设置特定的促销周期，如"每周一上新，新品 8 折优惠""每周日特价，全场 9 折"等。特定周期的促销活动符合消费者追求实惠的心理，能够产生不错的效果，促进销售额的提升。

林女士在某主播的直播间看中了一条背带裙，由于临时有事，没有立即下单，只是将这条裙子加入了购物车。到了第二天上午，林女士再次打开该主播的直播间，却无意间发现该主播在推销刚刚上架的新款服装，其中有一款欧根纱连衣裙十分漂亮，而且还有 8 折优惠。于是，林女士放弃了之前选择的背带裙，购买了一件刚刚上架的欧根纱连衣裙。

原来，该主播的直播间会在每周一 9 点准时上新，而且新品服饰 8 折促

销。"每周一上新，新品8折"是该主播在直播间张贴的促销口号，意在提醒消费者把握促销良机，欲购从速。这是特定周期促销的常见案例。

主播在进行促销时也需要掌握一定的方法，并不是定期上新进行促销就一定能够吸引消费者。那么，主播应该如何进行特定周期促销呢？主播需要通过推送新品，打造爆款产品，只有这样才能够吸引更多消费者的目光，带动产品销量的提升。要想使新品成为爆款产品，主播就要做好以下三个方面，如图6-2所示。

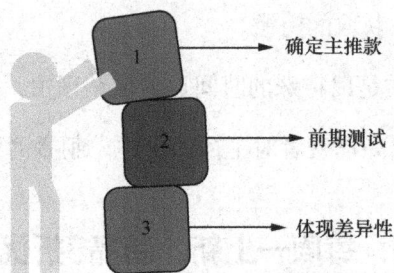

图6-2　打造爆款产品的步骤

（1）确定主推款

让新品成为爆款产品的前提是主播要确定自己的主推款。主推款的存在就是告诉消费者这是主播力推的新品，性价比高，值得购买。主推款能够使消费者的目光更加聚焦，从而提高主推款的销量。

（2）前期测试

一款新品是否有成为爆款产品的潜质，关键在于其前期测试的效果如何，也就是让市场判定这款新品能不能成为"明日之星"。因此，主播需要对新品进行前期测试，通过市场的反馈，分析其能否成为爆款产品。

主播可以通过淘宝直通车测试新品的反馈情况。淘宝直通车可以同时测试多款新品，主播可以将几款新品同时放入淘宝直通车，查看其各自的点击率、转化率和收藏次数等。测试结束后，主播就可以从中选取点击率和转化率较高的新品作为直播间的主推款。

（3）体现差异性

当新品有太多的竞争者时，主播就需要体现产品的差异性来吸引消费者的目光。例如，家庭便携式体重秤的功能和外观都没有太大的区别，但是主播可以通过细分使用人群设计促销方案，这就体现了产品的差异性。除了体现产品本身的差异性之外，主播还可以在赠品方面打造差异性，例如，赠送个性化的暖宝宝、保温杯、围巾等小礼品。

确定了新品主推款，主播在打造爆款产品方面就有了方向。同时，主播要持续开展如每周上新的特定周期促销活动，确定新品主推款、打造爆款产品，以保持直播间持久的吸引力，提升消费者对主播的黏性。

6.2　借势促销

借势促销的核心就是四两拨千斤，以更少的成本达到更好的效果。借时事和借主题进行促销都是十分有效的促销手段，能够帮助主播提高产品销量。

6.2.1　借时事：受南方降雨影响，茶叶价格走高

某年夏季，南方持续性普降暴雨，导致湖南益阳、江苏苏州等茶叶产区受到了不同程度的水灾。暴雨导致茶农采茶和制茶时间延后，往年9月底即可陆续上市的秋茶不得不推迟上市，这也可能导致茶叶价格走高。受这些因

素影响，茶叶经销商担心无法获得茶叶货源，纷纷选择提前交定金，以免茶叶货源受影响。

这个案例能够为主播的促销提供一些启示。例如，主播可以运用时事热点作为促销由头进行产品促销，这就是借势促销。

借势促销是商家借用某些时事热点事件，将产品融入事件环境中，以便促成产品销售的促销手段。例如，iPhone 7 和 iPhone 7 Plus 正式在我国发售时，各大手机品牌商都开始借势促销，三大运营商也借此契机推销自家的合约机服务。

此外，各互联网公司、电商平台、商业银行等也都纷纷搭上 iPhone 7 的顺风车开始借势促销。例如，网易 CEO 丁磊借测试 iPhone 7 之名开启直播，为网易直播站台；京东商城也顺势推出"移动商店一小时达"的超快服务；银行金融机构借势推出预购 iPhone 7、信用卡积分兑换 iPhone 7、理财送 iPhone 7 Plus 等业务，将 iPhone 7 和信用卡、理财产品相结合，将借势促销玩出了新花样。

在借助时事热点进行促销时，主播要思考如何通过时事热点实现更好的促销效果。主播要挑选人们喜闻乐见的时事热点，包括娱乐类、节日类、赛事类、行业类等几个方面，不同方面的时事热点有不同的注意要点。

（1）娱乐类

娱乐八卦、明星趣事等社会新闻是很多人关注的热点，将娱乐热点与促销活动相结合，会给主播带来更多流量。但是，主播在利用娱乐热点进行促销时，也要分析该娱乐热点与自己推销的产品是否匹配。需要注意的是，许多娱乐热点都具有不确定性。因此，主播借娱乐热点进行促销时也要做好前期调研，对借势促销的风险性进行分析。

（2）节日类

节日本身具有仪式感，能够聚集大量流量，节日的文化与情感极易引发共鸣，这些对于主播开展促销活动都是十分有利的。此外，在节日期间，各大主播都会开展与节日相关的促销活动。因此，主播在借节日热点开展促销活动时，要突出促销活动的创意，以便吸引更多消费者的目光。

（3）赛事类

赛事类热点多为体育竞技类赛事传递的热点信息。例如，傅园慧曾在奥运会上讲出"洪荒之力"一词，语出惊人，成了当年奥运会第一网红。中兴手机就借助傅园慧的热点顺势推出自己产品，可口可乐也借此热点顺势推出了"此刻是金"的广告语。

（4）行业类

行业类热点也是十分常见的，各大手机品牌每年的发布会都是科技行业的重点事件。此外，淘宝"双十一"购物狂欢节、京东"618"购物节等都是电商行业的热点。在购物节期间，各电商平台都会开展各种促销活动，主播也可以借此热点进行产品促销。

时事热点促销是一把双刃剑，主播运用得当可以提高产品销量和自身知名度，运用不当也会使自己的声誉受损，甚至造成不可挽回的损失。因此，主播在借时事热点进行促销时，一定要做好前期准备工作，要站在消费者的角度思考消费者对其促销活动的认可程度。

6.2.2　借主题："双十一"就来淘宝狂欢节

"双十一"不仅是消费者的购物狂欢节，也是各商家销量暴涨的节日。

在"双十一"活动期间，众多主播也会把握机会，积极地进行产品销售。

2019年国庆节前夕，距离"双十一"还有一个多月，王悦已经开始做准备，对"双十一"期间的直播内容进行规划。首先，王悦根据产品类型确定了直播间的标题，根据不同的时间段设置了不同的促销方案，并撰写了不同产品的推销文案，确定了产品的卖点。其次，王悦根据"双十一"前的不同时间段制定了不同的预热方案。最后，王悦查阅了许多与产品相关的专业知识，以便更好地回答消费者提出的问题。

主播做促销活动的准备工作不能临时抱佛脚，必须预留足够的时间，根据淘宝历年"双十一"的规则和本次活动的具体细则合理布置库存，准确设计标题，制定详细的直播规划。那么，主播需要在"双十一"前夕做好哪些方面的准备工作呢？如图6-3所示。

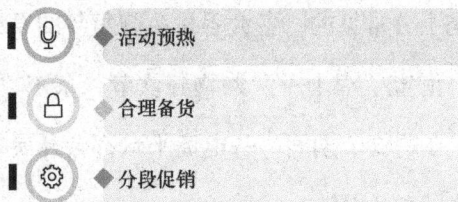

◆ 活动预热

◆ 合理备货

◆ 分段促销

图6-3　活动前夕的准备工作

（1）活动预热

主播要做好"双十一"活动的宣传预热。"双十一"看似是当天的超级热卖日，但其重点却是活动预热。预热期的活动做得好，直播间在预热期的销量将会远超过"双十一"活动当天的销量。因此，主播需要提前向消费者宣传直播间在"双十一"期间的优惠活动，也可以提前降价销售某些产品，从而吸引消费者的目光，获得更多的流量。

（2）合理备货

在"双十一"期间，主播一定要合理备货。如果"双十一"期间积压了大量库存，那么就需要大量的时间清理库存，这会影响主播接下来直播的合理规划。

（3）分段营销

在"双十一"全天24小时的活动期间，主播需要有针对性地划分时间段，明确自己在不同时间段的主要工作。

① 0: 00-5: 00

"双十一"当天0: 00-5: 00是非常重要的促销时间段，许多对"双十一"活动期待已久的消费者都会在这个时间段抢购产品。为了让自己的直播间吸引更多消费者的关注，进一步激发消费者的购物热情，主播需要在这一时间段详细向消费者介绍直播间的优惠活动。

② 5: 00-18: 00

消费者没有急于在凌晨下单，很可能是想通过分析对比找到自己最心仪的产品。因此，在5: 00-18: 00这个时间段中，主播就要有重点地介绍自己产品的特色，便于消费者了解产品。

③ 18: 00-21: 00

在18: 00-21: 00这个时间段中，消费者往往已经结束了一天的工作，有闲暇的时间浏览各种产品。主播可以在这段时间中加大直播销售的优惠力度，吸引消费者快速购买产品。例如，主播可以在直播中打出"买精品钻戒送手机""买手机送耳机"等标语。

④ 21: 00-24: 00

21: 00-24: 00是"双十一"促销活动的最后阶段，主播要在这段时间里制造紧张气氛以刺激消费者下单。例如，主播可以在直播间标明"双十一"倒计时、抽奖活动即将结束、热卖产品优惠截止倒计时等。对于消费者而言，失去享受优惠的机会无疑是一种损失。因此，主播可以通过制造紧张气氛让消费者感觉到自己即将错失优惠，进而刺激消费者购买产品。

"双十一"是全民购物狂欢的节日，但主播不应只关注直播间在"双十一"期间的销售，还需要通过"双十一"促销活动为直播间的促销计划做指导。除了实现销量暴增以外，"双十一"促销活动还能够提高主播的知名度，为主播吸引更多的粉丝。

6.3 时令促销

主播可以根据时令变化制定不同的促销计划，开展当季清仓和反季清仓的促销活动。无论是当季清仓，还是反季清仓，都是以清仓为由甩卖产品，这种促销活动能够吸引大量追求实惠的消费者的关注。同时，在开展当季清仓、反季清仓等时令促销活动时，主播要使用合适的促销方法，以便提升产品销量。

6.3.1 当季清仓：特卖当季产品

夏末秋初，秋季新款服装已经上市。而对于夏季还没有卖出的服装，许多主播都会采取当季清仓的促销手段来消化库存。对于主播而言，当季清仓有两个主要好处：一是可以清仓，为秋季新款服装留出仓储空间；二是可以回笼部分资金。

一般来说，产品销售的淡旺季转换期是清仓的绝佳机会。而产品是否适合进行清仓促销，主要是由产品本身属性决定的。例如，冷饮、空调、冰箱等产品在夏季的需求量远高于冬季，而羽绒服、毛衣、热饮产品等则会在冬季销量猛增。

此外，不同地区的消费者也会受到季节性影响，而有不同的消费需求。例如，在冬季，我国东北地区异常寒冷，羽绒服销售火爆，而在海南地区羽绒服就不会如此受欢迎。

因此，主播要根据产品属性、地区等制定差异化的促销方案，针对产品淡旺季的销售情况开展相应的促销活动。同时，主播在进行产品的当季清仓促销时，也要考虑以下两个方面。

（1）消费者诉求

当季清仓会对产品在消费者心中的地位造成影响，这种影响具有两面性，主播必须分析消费者对产品的诉求。对于一些大牌高端产品而言，消费者追求的是时尚、个性和产品的价值，其追求的并不是产品价格的实惠。如果主播对这些产品进行清仓促销，不仅难以刺激消费者购买，反而会降低消费者对产品价值的认知。而对于一些日常平价产品而言，消费者主要追求的是其性价比。因此，主播对这些产品进行清仓促销能够激发消费者的购物热情。

主播在进行当季清仓促销前，一定要分析消费者购买产品的目的，以及消费者诉求，这样才能判断自己推销的产品是否能够进行当季清仓促销。

（2）投入与收入

在进行产品当季清仓促销时，主播一定会在一个周期内对当季产品进行大力度的营销推广。营销推广力度的加大会导致销售成本的增加，这会给主播带来压力。

如何用最少的营销投入换取最大的销售收入呢？一方面，主播要结合市场和自身情况，制定系统性的周期促销计划。另一方面，在进行当季清仓促销的过程中，是否能够开展更具创意、与众不同的促销活动，在合理投入的范围内获得最好的促销效果，也是主播需要考虑的问题。

6.3.2 反季清仓：促销反季产品

反季清仓也是一种能够提高产品销量的促销方式。主播通过低价销售反季产品刺激消费者的购买欲望，从而实现产品的销售。

并不是所有的产品都适合进行反季清仓促销，一般服装类的产品进行反季清仓促销的比较多。例如，在夏季，主播一般都会采用反季清仓的促销方式销售冬季的羽绒服、毛衣等服饰，借促销活动消化库存。

在某直播间内，主播打出"反季清仓，冬衣5折销售"的促销口号，为消费者一一展示了多款羽绒服、厚毛衣等冬季服饰。徐女士看到，该主播介绍的服装里有自己在去年冬天时看中的一款大红色羽绒服。当时这款羽绒服的价格为700元，因为觉得价格稍贵，所以徐女士并没有购买。但是，在这次直播中，这款羽绒服5折促销，售价为350元。徐女士觉得机不可失，于是迅速下单了。

从上面案例中可以看出，消费者对反季产品有一定的需求，主播通过反季清仓促销的方式能够有效地提高产品的销量，清理库存。反季清仓促销最吸引消费者的地方就是产品的价格十分实惠，这是反季清仓促销的核心竞争力。但是，主播在进行反季清仓促销时需要注意以下四个问题，如图6-4所示。

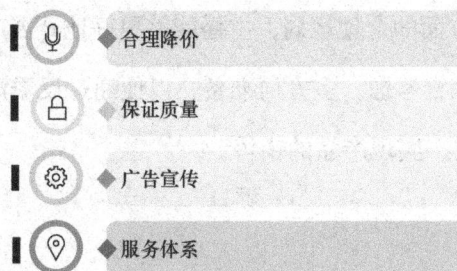

图6-4 反季清仓促销的注意事项

（1）合理降价

反季清仓促销活动的核心竞争力是价格实惠，但是主播也要注意产品降价的合理性，把握好促销产品的比例和优惠力度。相对于全场一律5折这种简单的促销方案而言，主播为产品设置合理的打折梯度，能够在保证销售成本的基础上更好地激发消费者的购物热情。

（2）保证质量

主播在进行反季清仓促销时也要保证产品的质量，质量好的产品才是销售的王牌。如果主播不能保证产品质量，只是低价销售产品，那么即使把产品销售出去了也难以留存消费者，更会影响主播的口碑。

（3）广告宣传

主播在进行产品的反季清仓促销时，需要在直播间标出促销活动的广告宣传口号、优惠力度以及活动形式，让消费者一目了然。在进行活动宣传时，主播也可以隐藏部分活动惊喜，以便吸引消费者进一步关注促销活动。

（4）服务体系

服务体系包括产品销售和产品售后服务两大方面，主播要在这两个方面让消费者感受到自己的用心和热情。

通过以上四个方面的合理规划，主播能够更好地开展产品反季清仓促销活动。主播要做到综合考虑，多方面准备，以便通过反季清仓的促销活动激发消费者的购物热情，实现产品的销售。

6.4 限定式促销

限定式促销就是限制某些要素，如时间、数量、产品或者折扣等，促使消费者尽快做出消费决策。例如，"前 100 件产品 9 折促销"和"1 小时内下单，立减 100 元"都是典型的限定式促销手段，"第一天打 5 折，第二天打 8 折"的阶梯式促销则能够促使消费者尽快做出购买决定，引导消费者尽快下单。

6.4.1 限量：前100件产品9折促销

限量促销是常见的限定式促销方法。主播告知消费者"产品只剩最后 100 件了，售完即止""产品限量出售 1000 件，欲购从速"等类似的消息，能够让消费者打消犹豫，尽快做出购买决定。

在开展限量促销活动时，主播应着重讲出产品的稀缺性和价值，激发消费者的购买热情。

例如，一位主播在直播中推销一款皮包，在讲解了皮包的材质、设计重点，展示了皮包的外观设计和内部结构后，报出了皮包的价格——299 元。虽然在主播介绍这款皮包的时候，许多消费者都表示要购买这款皮包，但是当主播放上皮包的链接后，真正下单的人并不多。

为了刺激消费者下单，该主播又讲道："这款皮包是这家品牌最新设计的产品，不仅设计巧妙，数量也十分有限，限量出售 1000 件，售完后就会下架。同时，我再送大家一个福利，前 100 件产品 9 折促销，只要 269 元，就可将这款精致的皮包带回家。喜欢这款皮包的朋友们快快下单哦！"

在主播这样一番介绍后，许多消费者都怕错失良机，于是纷纷下单，这款皮包在接下来的 3 分钟内就售完了。该主播用限量促销的方式强调了产品的稀缺性，体现了产品的价值，激发了消费者的购物热情。

在购买产品的过程中，消费者往往会依据产品的稀缺性判断产品的价值。一件产品越是稀缺，其在消费者眼中的价值也会越高，消费者对其购买的欲望也会越强烈。因此，在进行产品促销时，主播可以打出"限量特价"的标语吸引消费者，营造"产品稀缺"的现象，刺激消费者购买产品。

6.4.2　限时：1小时内下单，立减100元

限时促销是指在特定的时间内降低产品的价格，以特定时间段内超低价位的产品获得消费者的关注，并促使消费者购买产品。"1 小时内下单，立减100 元""新品上架，今日 9 折促销"等是都典型的限时促销方式，这些促销方式都强调了在限定时间内的产品降价优惠。

为了激发消费者的购物热情，主播在使用这种方式时要适当加大优惠的力度。例如，直播间中原来原价或 9 折出售的产品，主播在限时促销中可以将其折扣定为 5 折。在开展限时促销活动时，主播需要安排好限时促销活动的各方面事项，如图 6-5 所示。

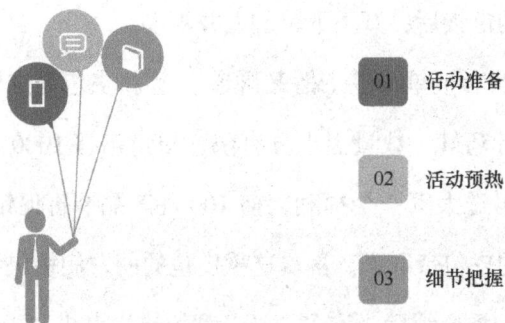

图6-5 开展限时促销活动需要注意的事项

（1）活动准备

主播在进行限时促销活动前，需要做好活动准备工作，包括明确限时促销的产品、设定活动时间、促销方式等。同时，电商平台对限时促销也有一定的要求，主播必须了解相关的规则，才能保证限时促销活动顺利开展。

（2）活动预热

主播要想取得理想的促销效果，就需要为限时促销活动营造声势。主播需要充分利用直播平台、微博、微信公众号等渠道宣传限时促销活动，提高活动的知名度，让更多消费者看到活动并参与到活动中。

（3）细节把握

主播在开展限时促销活动时最好将时间设定为 1~2 个小时，制造限时促销活动的紧迫感，促使消费者积极下单。另外，主播在限时促销活动结束后，还需要做好产品的售后服务，提升消费者的购物体验。

6.4.3 阶梯式：第一天打5折，第二天打8折

阶梯式促销是指在销售过程中，产品的价格随着时间的推移，按照一定

的梯度不断变化打折力度。例如，"新品上架，第一天5折促销，第二天8折促销"就是典型的阶梯式促销方案。

根据这个方案，当主播告诉消费者活动规则时，消费者可能会在第一天选择观望，但是当第二天产品涨价后，消费者就会知道产品的折扣真的会越来越高。这样，消费者就会产生紧迫感，愿意提前购买产品。主播使用阶梯式促销方法能够减少消费者购买产品的犹豫时间，激发他们的购物热情。

例如，一位消费者在直播间求助某主播："下周是我老公的生日，我想给他买一件男式休闲大衣，能推荐几款吗？"

主播在看到消费者的求助后，随即拿出三款男式大衣进行了详细的介绍，并在介绍后询问该消费者是否有比较满意的款式。此时，这位消费者虽然有购买意向，但是还在犹豫，表示打算明天再考虑。

这时，主播趁热打铁："您看中的这款大衣现在正在做优惠活动，原价是998元，现在拍下可以享受5折优惠。明天这款大衣就会提价为6折销售，后天则是7折销售。几天之后，这款大衣就会恢复原价。所以，我建议您今天购买，趁着优惠力度最大，就先买下它吧。"

消费者回复："原来是这样，我今天买这款大衣最划算，是吗？"

主播回答："是的，这款大衣的销量很不错，您可以看看买家评论。而且，现在正好有活动，为何不趁此机会给老公一个惊喜呢？今天买，是最低价。如果不满意，还可以享受7天无理由退货。您就别犹豫了。"

听完主播的这一番话，消费者终于下定决心，买了这款大衣。

从以上案例中可以看出，主播使用阶梯式促销方法可以起到比较显著的促销效果。但是，如果想发挥其最大效用，主播还需要注意以下要点。

（1）给消费者适当的心理压力

主播在使用阶梯式促销方法时，需要给消费者一定的心理压力，以此消除消费者的犹豫。例如，主播可以在直播间打出"今天是最低价，明天产品的优惠力度就没有今天这样大了""现在不买，以后就没有这样的优惠啦"等标语，以此暗示消费者早买能享受更多优惠，让消费者尽快购买产品。

（2）适时消除消费者的顾虑

在产品销售过程中，如果消费者对产品迟迟没有做购买决定，多半可能是有这样或那样的顾虑。当发现消费者购物存在顾虑时，主播就要立即给出解决措施。例如，主播可以告知消费者，如果对产品不满意，可以无条件退货，以此消除消费者的顾虑，实现产品的销售。

第7章

福利营销：

全方位刺激消费者下单

  主播直播带货的受众是消费者，目的是推销产品。为了提高产品的销量，主播有必要以满足消费者需求为中心，开展各种福利营销活动。主播可以以产品为中心发放福利，如发放产品优惠券、买一送一等，也可以通过抽奖的方式进行让利。这既可以吸引更多消费者购买产品，也可以增强消费者的黏性。

7.1 以产品为中心发放福利

以产品为中心发放福利既可以让消费者享受到优惠，刺激其购买产品，也可以有效地宣传推广主播的直播间。在具体操作上，主播可以在直播中发放产品优惠券，也可以通过各种方式直接赠送产品。

7.1.1 发放产品优惠券

小梦是一名直播带货的主播，因为精通化妆技巧，所以她在直播间推销的产品多为化妆品，产品品类比较单一。但由于化妆品的单价比较高，在直播间下单的消费者并不多。为了激发消费者的购物热情，小梦决定在直播间发放产品优惠券。

接下来的直播中，在介绍完一款美白精华后，小梦不仅发放了该产品的10元优惠券，而且发放了化妆品店铺的满减优惠券。减满优惠券适用于店铺中的全部产品。此外，小梦又向直播间的消费者表明了分享领取优惠券的规则，即消费者邀请一位好友进入直播间后就可以获得额外的产品优惠券。在这次直播中，小梦发放了大量不同类型的产品优惠券，本次直播的销售额也因此比平时上涨了50%，这让小梦十分高兴。

发放产品优惠券这种福利营销方式实行起来几乎没有成本，并且发放的对象也是直播间里的消费者，实现了精准投放。消费者在主播介绍和产品优惠券的双重吸引下更容易进行消费。

产品优惠券能够激发消费者的购物热情。如果消费者对主播推销的产品比较满意，而此时主播又向其发放了产品优惠券，那么就能够有效刺激消费者将消费想法转化为行动。主播也可以在消费者完成下单后为消费者发放优惠券，以此吸引消费者进行二次消费。而且，主播在发放产品优惠券时也要设置一定的规则，如产品优惠券不兑现、不找零、有明确的使用期限、过期不补等。

从福利营销的角度看，主播发放产品优惠券是想吸引更多消费者下单，提高直播间的销售额。为了更好地发挥产品优惠券的促销作用，主播要确保产品优惠券发放的精准性。这需要主播做到以下两个方面。

第一，产品优惠券投放的精准性取决于消费者对产品是否有购买需求。因此，主播在进行直播带货之前要明确每场直播的主要产品品类，以便更精准地吸引目标消费者。

例如，主播可以将产品划分为"春季限定服装""夏日防护化妆品"等。同时，主播还可以为直播加上"大码女装""小个子专属"等标签。这些都能够帮助主播定位直播的内容，也能够吸引对此类产品有需求的消费者。在直播内容定位清晰的情况下，直播能够吸引更多的目标消费者。这时，主播向这些消费者发放产品优惠券，就能够更有效地刺激他们消费。

第二，主播在直播带货的过程中都会吸引一些忠实的粉丝，这些粉丝偏爱主播的直播风格、认可主播推销的产品，在购物时会优先选择主播推荐的产品。主播为这些忠实的粉丝发放产品优惠券，能够有效地刺激他们消费。

因此，主播在进行直播带货时可以为忠实粉丝开设直播专场。这时直播的产品品类就无须单一了，主播可以一一为忠实粉丝介绍直播间的新上产品、经典类产品、折扣产品等。在这样的专场中发放产品优惠券能够激发忠实粉丝的购物热情，充分发挥产品优惠券的促销作用。

总之，在发放产品优惠券进行福利营销时，主播不仅要了解如何设置产品优惠券，更要注意产品优惠券的精准发放。只有这样，产品优惠券才能够充分发挥作用，提升产品销量。

7.1.2 今日产品买一送一

刘莹是一名直播带货的主播，在某次直播时，她重点介绍了一款新款的百搭针织围巾。在介绍完围巾后，刘莹在直播间打出了巨大的标语："今日下单，围巾买一送一！过期不候！"标语一出，整个直播间瞬间就火热了起来，消费者纷纷下单，围巾立刻被抢购一空。

"产品买一送一"是一种典型的以产品为中心的福利营销方式。产品买一送一和产品直接打 5 折销售是有区别的。例如，一件产品买一送一，即主播同时销售了两件产品；而在产品打 5 折时，消费者只需一半的钱即可购买一件产品。所以，买一送一的营销方式更能提高产品的销量。

产品买一送一并不意味着主播赠送给消费者的产品必须和消费者所购买的产品相同，也可以是买一件衣服送一条围巾，这种营销方式是以"赠送产品"来吸引消费者的注意力。买一送一的福利营销方式有以下三个方面的好处，如图 7-1 所示。

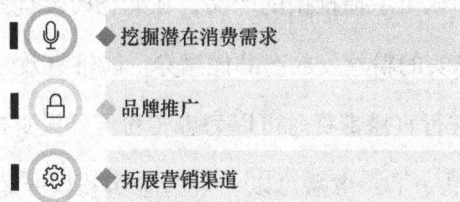

◆挖掘潜在消费需求

◆品牌推广

◆拓展营销渠道

图7-1　买一送一营销方式的好处

（1）挖掘潜在消费需求

在没有进行买一送一的福利营销前，消费者可能不知道该主播推销的其他产品。而通过开展买一送一的福利营销活动，消费者能够了解到主播推销的更多产品，主播也可以借此挖掘消费者的潜在消费需求。例如，有的消费者可能只知道某主播在推销洗发露，但通过开展买一送一的福利营销活动，消费者便知道了该主播同时还在推销护发素、发膜等其他产品，自然也会对这些产品产生需求。

（2）品牌推广

即使主播推销的某个品牌的产品已经成为行业内的引领者，也需要开展各种各样的营销活动，以持续推广品牌。主播开展买一送一的福利营销活动能够实现品牌推广，扩大品牌知名度，拉近品牌与消费者之间的距离。

（3）拓展营销渠道

主播开展买一送一的福利营销活动还可以拓展营销渠道。将新产品与火热销售的经典款产品联系起来，不仅能够提高经典款产品的销量，还能够有效地曝光、推广新产品。

在开展买一送一的营销活动时，主播需要设置好活动形式、保证执行力度。此外，主播还需要关注消费者的反馈。如果赠送的产品不能让消费者获得实惠，那么也达不到很好的营销效果。主播可以根据消费者的反馈了解营销活动是否合理，是否能够激发消费者的购物热情，同时也能够根据消费者的反馈对营销活动进行调整优化。

7.1.3　增加赠品，物超所值

2019年国庆节期间，某化妆品直播间开展了"多买多送，节日购不停"

的福利营销活动。活动规定，消费者一次性购物满 99 元即可成为店铺会员，全场享 8.8 折优惠。

同时，该福利营销活动设置了不同的梯次。消费者一次性购物满 199 元，店铺即赠送价值 99 元的化妆刷套装一套；满 299 元，赠送价值 158 元的面膜套装一套；满 399 元，赠送价值 299 元的美白套装一套；满 499 元，赠送价值 399 元的品牌美容金卡一张；多买多送。由于该店铺的客单价普遍在 200 ~ 300 元，所以，此次满赠活动最高设置在 499 元档次。如果一次性购物额超过此梯度，消费者可主动联系客服人员，协商满赠优惠事宜，将有神秘大礼送出。

满赠活动是以产品为核心进行福利派送的主要形式，即消费者购物满一定额度以后可以获得某些赠品。主播可以标明赠品的价值，也可以不标明赠品的价值。例如，主播可以规定"满 599 元赠精美饰品一件"。这件饰品只用"精美"加以描述，不涉及其真实价格。消费者很难用 599 元去衡量饰品的现金价值，从而忽略自己实际付出的价值与饰品的价值的对比。这能在一定程度上避免消费者产生"赠品都是次等品"的想法。

对于主播而言，合理开展满赠活动可以有效提高产品的销量。在挑选赠品时，主播也要让消费者感受到自己的真诚。因此，在挑选赠品时，主播要选择实用性及耐用性强、质量过关、外观精美的产品。此外，主播在开展满赠活动时要注意以下三个方面，如图 7-2 所示。

（1）控制成本

在成本方面，主播要考虑的因素有三个：一是赠品的成本；二是赠品包装；三是销售渠道。把握好这三个方面的成本，主播才能够避免资源浪费，将成本控制在合理的范围内。

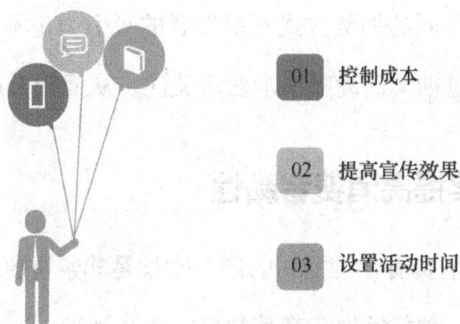

图7-2　开展满赠活动的注意事项

（2）提高宣传效果

开展满赠活动的最终目的是宣传产品，提高产品销量。主播可以充分利用直播间、微信公众号、微博等进行多渠道宣传，最大限度地提高满赠活动的宣传效果。

（3）设置活动时间

满赠活动要有时间限制，这在节约主播活动成本的同时，也能够有效激发消费者的购物热情。

总之，在开展满赠活动时，对于赠品的选择、活动的宣传渠道、活动的管理工作等问题，主播都要制定详细的营销方案。只有保证满赠活动各环节的工作，才能够更好地发挥满赠活动的营销效果。

7.2　抽奖：福利营销的重要手段

抽奖是主播进行福利营销的重要手段。消费者都有追求实惠的心理，而主播在直播销售中开展抽奖活动无疑会吸引更多消费者的关注。开展抽奖活动的方式多种多样，不同的抽奖方式对消费者的吸引力也不同，主播需要抓住消费者的心理，通过抽奖活动吸引消费者关注，从而提升产品销量。

7.2.1　定期抽奖提高消费者黏性

对于主播而言，消费者在直播间的停留时长是非常重要的。消费者在直播间停留的时间越长，越能够提高产品的点击率和销量。

主播在刚开始进行直播带货时并不会吸引太多消费者的关注，在这种情况下，主播可以通过抽奖吸引消费者的目光。消费者若在观看直播的过程中产生期待，其停留在直播间的时间就会延长。停留的时间越长，越能增加消费的可能性。

主播通过定期抽奖吸引消费者观看直播，可以大幅度提高消费者黏性。消费者有追求实惠的心理，抽奖则能够带给消费者直接的实惠。在观看直播的过程中，消费者追求实惠的心理得到了满足，自然会更加关注主播的直播间。因此，主播也会获得更多粉丝。

开展抽奖活动并不是单纯地将奖品送出去，主播需要把握开展抽奖活动的规则。

第一，主播要让更多消费者知道自己在举行抽奖活动，同时让其了解抽奖的形式和内容。主播可以提前发布抽奖活动的预告，吸引更多消费者关注。定期开展抽奖活动，能够持续刺激消费者的购物行为。

第二，定期抽奖并不意味着每次开展抽奖活动时都要在公告中写明抽奖的所有具体时间。主播可以在公告中表明本次直播有抽奖活动，同时在直播的过程中确定抽奖的具体时间。主播还可以根据产品的销量、点赞量等设置抽奖活动，例如，可以设置点赞达到 5 万次即抽取一名消费者送出价值 599

元的蓝牙耳机等，以一个不确定因素作为抽奖的条件，增加消费者的期待感。

第三，主播要注意直播的节奏和与消费者的互动。在抽奖之前，主播应提醒消费者点赞、评论、发弹幕等，使直播间的气氛活跃起来再进行抽奖。抽奖的整个过程应公开、公平、公正，不要让消费者质疑抽奖的公平性。

在抽奖结束后，主播在公布中奖名单时需要对中奖的幸运消费者表示恭喜，同时告诉没有中奖的消费者不要灰心，告知其下一次抽奖的具体时间、抽奖的内容等，增加消费者的期待感。

主播在开展抽奖活动时，并不一定每次抽奖都要赠送价值非常高的奖品。主播也可以通过增加抽奖次数，降低奖品价值，吸引消费者关注直播间。这种方法同样也能够起到留存消费者、刺激消费者下单的作用。

7.2.2 产品互动问答，抽免单机会

抽奖的本质是让利消费者，其方式是多种多样的。除了通过设置一定的参与规则直接进行抽奖以外，主播也可以设置产品互动问答环节，为消费者抽取免单机会。通过产品互动问答抽免单机会的抽奖方式，其优点表现在以下三个方面，如图 7-3 所示。

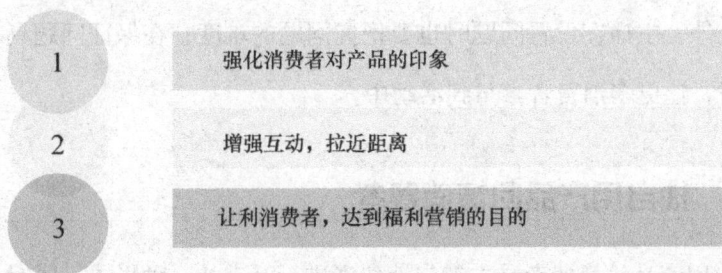

1	强化消费者对产品的印象
2	增强互动，拉近距离
3	让利消费者，达到福利营销的目的

图7-3 互动问答抽免单的优点

（1）强化消费者对产品的印象

主播在介绍产品时，多数时间是在单向输出，难以确定消费者是否充分了解产品。通过互动问答，主播可以明确消费者对产品的了解程度，同时进一步向消费者强调产品的卖点。而主播将产品互动问答作为抽奖的前提条件，能够吸引更多消费者参与到互动问答的活动中，强化消费者对产品的印象。

（2）增强互动，拉近距离

产品互动问答的形式能够有效增强消费者的参与感，拉近主播和消费者之间的距离。在互动中，只有答对问题的消费者才能够获得抽奖机会，因此消费者的竞争意识也被充分调动了起来。这种抽奖方式能够让更多消费者参与进来。

（3）让利消费者，达到福利营销的目的

产品互动问答抽免单机会是主播开展福利营销的一种重要手段。主播通过产品互动问答抽取免单机会让利消费者，能够增强消费者对主播的黏性，同时激发消费者的购物热情，达到福利营销的目的。

产品互动问答是向消费者强调产品优势与卖点的好机会。因此，主播要根据产品的核心优势与卖点设置产品互动问答的问题，强化消费者对产品的印象。此外，主播在设置问题时也要把握问题的难度，在保证问题具有吸引力的同时，让更多消费者参与到活动中。

7.2.3 抽自用产品回馈消费者

送自用产品给消费者是主播与消费者进行互动的一种形式。同时，主播的自用产品也可以作为开展抽奖活动的奖品。主播送自用产品给消费者，能够拉近自己与消费者之间的距离。

在向消费者推销产品时，主播的自用产品更能赢得消费者的信任，而以自用产品作为抽奖互动的礼品更能体现主播的心意。主播可以以自用产品为卖点，号召消费者下单。例如，主播可以说："这款口红我自己也在用，颜色饱和度高，并且持久滋润，性价比很高。"

在介绍完产品后，为了进一步激发消费者的购物热情，主播就可以顺势将该口红作为奖品进行抽奖，赠送给消费者。通过抽奖赠送自用产品也能够提高消费者对主播的好感度，增加直播间的人气，能够吸引更多消费者参与到直播抽奖的活动中来。

而将自用产品赠送给消费者后，部分中奖消费者的反馈能够验证主播所说的内容是否属实、有无夸大成分。如果消费者的反馈良好，印证了主播对产品的介绍是真实的，那么就会增加主播的可信度。那些没有抽中奖品的消费者也会因此相信主播的推销并购买产品，这将有效提高产品的销量。

将自用产品赠送给消费者，也能提高主播直播间的趣味性，增加主播与消费者的互动交流，拉近主播与消费者之间的距离。消费者的参与度与兴奋值也会随之提高，主播推荐产品的点击率与购买量也会因此提升。

自用产品的良好反馈不仅可以提升主播的号召力和产品的购买率，还能够增加消费者对主播的好感及信任度，这对于刺激消费者下单、提升产品销量有重要作用。消费者信任主播，自然也会信任其推销的产品。

7.2.4　薇娅：用抽奖调动直播氛围

淘宝知名主播、被称为"淘宝直播一姐"的薇娅拥有超强的带货能力，曾在单场 2 小时内实现了 2.67 亿元的销售额。薇娅的直播几乎每天都有，直播的时长为 4 ~ 8 小时。而且，其直播间的产品品类众多，涵盖了居家、零食、护肤、彩妆等各个方面。同时，薇娅在福利营销方面也下足了功夫。

例如，薇娅在每场直播的开始都会讲一句："话不多说，我们先来抽一波奖。"而用来抽奖的奖品都是一些非常热门的产品，如华为手机、苹果平板电脑等。这样简单直接的开场白加上价格不菲的奖品很容易吸引消费者的目光，因而直播一开始就在直播间营造出一波小高潮。这样的活动有效提高了消费者对薇娅直播的期待值与忠诚度。

淘宝直播讲究的是粉丝经济，粉丝的购买力越强，产品的销售量越高，主播获益也就越多。因此，主播维护自己与粉丝之间的关系尤其重要。薇娅在直播一开始时便进行抽奖是维护粉丝的一个重要手段。因为对于粉丝而言，就算今天没有抽到奖品，也还有明天、后天的抽奖活动可以期待。所以，抽奖也成了薇娅直播开始的标志。

除了在直播一开始就会进行抽奖以外，薇娅在直播的过程中每隔一段时间也会随机进行一次抽奖。随机抽奖给一直在观看薇娅直播的粉丝带来了更多参与感与满足感，也吸引了更多粉丝持续观看薇娅的直播，并期待下一次抽奖的到来。

另外，薇娅直播间的标题往往很直白。"送现金""送手机""抽奖抽到手抽筋"等，这样的标题也能够吸引更多粉丝参与到薇娅直播间的抽奖活动中来。而在庞大的粉丝基数、抽奖带动粉丝购物热情的前提下，薇娅的直播很容易获得惊人的销售额。

直播

第8章

挖掘需求：

粉丝的痛点就是销售的爆点

　　主播在直播带货的过程中会获得粉丝的关注，这些粉丝往往对主播推销的产品有较为明确的需求，是主播需要重点关注的目标消费者。因此，主播需要对这些粉丝进行分析，满足粉丝的需求，解决粉丝的痛点。这对于提高直播间的销售额具有重要作用。

　　在挖掘粉丝需求方面，主播要先了解不同的粉丝类型，然后针对不同类型的粉丝使用不同的推销方法。此外，主播还要把握粉丝的需求，通过分析粉丝的需求不断优化直播内容。

8.1 三种粉丝类型

主播在直播带货的过程中会遇到三种类型的粉丝。第一类粉丝有明确的购物需求，他们知道自己想要购买哪些产品；第二类粉丝有大概的购物需求，但不明确自己具体应该购买哪些产品；第三类粉丝没有具体的购物需求，需要主播加以引导，为其创造购物需求来促成交易。对于这三种不同类型的粉丝，主播在推销产品时使用的推销方法也不相同。

8.1.1 有明确的购物需求

有一部分粉丝很明确自己的购物需求，他们会重点关注自己需要的产品，而且下单也十分迅速。对于这类粉丝，主播应该考虑如何留存他们。这就需要主播做好以下三个方面，如图8-1所示。

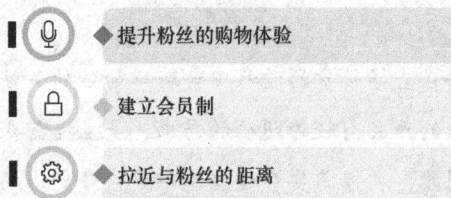

◆ 提升粉丝的购物体验

◆ 建立会员制

◆ 拉近与粉丝的距离

图8-1 留存粉丝的要点

（1）提升粉丝的购物体验

主播可以从三个方面提升粉丝的购物体验：提供周到的服务、保证产品的质量、让粉丝了解产品的性价比。主播在介绍产品时要强调产品的优势，同时帮助粉丝货比三家，强调自家产品和其他同类产品相比所拥有的价格优势、功能优势等。

（2）建立会员制

对产品有明确需求的粉丝是主播应该重点关注的目标消费者，让其成为店铺的会员是留存这部分粉丝的重要手段。主播可以在直播中说明成为店铺会员的条件和会员能够享受的各种优惠。在优惠的吸引下，这部分粉丝很可能会成为店铺的会员。

此外，主播需要建立完善的会员体系，明确会员的等级和福利。会员等级越高的粉丝，享受的福利也会越多。完善的会员体系也能够激发粉丝的购物热情，使其成为店铺的忠实粉丝。

（3）拉近与粉丝的距离

一味推销产品很难给粉丝留下深刻的印象，因此，主播要塑造良好的形象以拉近与粉丝的距离，成为他们的朋友。这样当粉丝需要购买产品时，就会更愿意到主播的直播间里购买。

拉近与粉丝的距离、维护与粉丝的关系不是一蹴而就的。主播在直播时应多与粉丝交流互动，了解粉丝的偏好，做好售后服务。部分主播只追求把产品推销出去，在产品售出后对粉丝的态度就没有之前热情了，这样就很难留住粉丝。因此，主播要始终对粉丝保持热情和良好的态度，这样才能够更好地留住粉丝。

8.1.2 有大概的购物需求，但是不明确

有一部分粉丝在观看主播的直播时，对主播所推销产品的需求并不明确。这类粉丝往往会有一些大概的购物需求，例如，想吃好吃的食物、想穿

漂亮的衣服、想美化一下居家环境等，但对于吃哪些好吃的食物、穿哪些漂亮的衣服、怎样美化居家环境等并没有具体的想法。这时主播要做的就是将这类粉丝的需求具体化，帮助他们明确自己的购物需求。

主播可以通过营造场景帮助粉丝明确购物需求。例如，当粉丝想改善居家环境却不知从哪方面入手时，主播可以为粉丝营造一个生活场景。如果主播推销的产品中包含香薰，那么就可以这样营造场景："大家每天下班之后是不是都会很疲惫？当你忙碌了一天回到家中，点燃这个香薰，柔和清香的气味会缓缓充满整个房间，在这种柔和气味的包裹下，你就能够放松身心、舒缓神经，感受到家中的温暖。"

这样的场景营造可以帮助想要改善居家环境的粉丝明确具体的需求：买一个香薰来改善自己的居家环境。营造场景的方法适用于各种产品的推销，对于有大概购物需求但是不明确的粉丝，主播需要给他们提供明确的需求建议，粉丝也会将主播的建议作为重要的参考内容以明确自己的购物需求。

在与这类粉丝交流时，主播不能只是一味地推销产品，要多与粉丝进行互动，从大概购物需求入手帮助粉丝明确其购物需求，将产品的功能、优势一一讲明，使粉丝明确其需要的就是自己推销的产品。

8.1.3 没有购物需求

当粉丝对产品没有购物需求时，主播也不必担忧，可以为粉丝创造购物需求，让粉丝明白自己对这件产品是存在需求的。

主播可以根据产品的特性并结合粉丝的痛点，为粉丝创造购物需求。2019 年 10 月，李佳琦在直播间推荐了一款男士护肤品。由于其粉丝多为女性，李佳琦便在推销这款护肤品时讲道："买给你们的男朋友，这个真的很划算。"没想到直播间的粉丝并不买账，纷纷评论："他不配，下一个。"可想而知，这款男士护肤品的销量十分惨淡。

此后，李佳琦推荐一款男士沐浴露，在介绍完沐浴露的特点之后，他还强调了这款沐浴露的价格实惠，并对粉丝讲道："给男朋友买便宜的，他就不会偷用你很贵的沐浴露了。"李佳琦的这句话让许多粉丝忍俊不禁，并觉得十分有道理，于是纷纷下单。最终，这款男士沐浴露获得了不俗的销量。

李佳琦直播间的粉丝多为女性，她们对男士产品是没有需求的，李佳琦要想成功推销出产品，就需要为粉丝创造需求。在推销男士护肤品时，仅仅介绍价格划算是远远不够的。于是，在推销男士沐浴露时，李佳琦找到了粉丝的痛点，表示给男朋友买了这款便宜的沐浴露，他就不会偷用你很贵的沐浴露了。这种以粉丝痛点为出发点的表述得到了粉丝的认可，同时也激发她们对男士沐浴露产生了购买需求。

此外，粉丝在购物时也会受到追求实惠、从众等心理的影响，主播可以从产品本身及粉丝的购物心理出发，为粉丝创造购物需求。

一些粉丝追求经济实惠，看重产品的价格，打折销售的产品和直播中的优惠活动能够吸引他们的目光。因此，主播可以根据这些特点为粉丝创造购物需求。在直播过程中，主播需要详细说明直播间优惠活动的细则，如哪些产品有折扣、满减活动的规则等；还可以打出"全网最低价""限时一天"等标语，吸引这些粉丝购买产品。

还有一部分粉丝追求大众的认同，以及社会归属感，他们希望跟随大众的脚步，追求大众所追求的产品。对于这些粉丝，主播就要强调自己推销的是爆款产品，销量远超同类。这种推销对于这些粉丝具有很大的吸引力，他们也会积极地购买这些产品。

主播需要通过满足粉丝的购物心理来推销产品。如果产品在价格方面存在竞争优势，那么主播就要反复强调该产品物美价廉，使追求实惠的粉丝产生购买的欲望。如果主播推销的产品在价格方面没有竞争优势，那么就要强调该产品的风靡程度，以此吸引追求潮流的粉丝购买产品。

总之，对于没有购物需求的粉丝，主播需要为他们创造购物需求。主播可以从粉丝的购物心理出发，对其加以引导，激发其购买欲望，这样就能够将产品快速推销出去了。

8.2 把握粉丝需求

粉丝是直播的受众群体，为了提升直播间的销售额，使直播带货能够更好、更长远地发展下去，主播必须要把握粉丝的需求，依据粉丝的需求优化直播内容。粉丝观看直播并不只是为了购物，他们同样有娱乐需求。主播要想吸引粉丝观看直播，就需要在直播中同时满足粉丝的这两种需求。为了精准把握粉丝需求，主播不能仅凭推断判断粉丝的需求，而应该通过各个渠道倾听粉丝的需求。

8.2.1 粉丝需求：购物+娱乐

了解粉丝的需求，主播才能够更好地优化直播内容，激发粉丝的购物热情，提高直播间的销售额。主播开展直播是为了推销产品，但粉丝观看直播却不一定都是为了购物。粉丝对直播也有一定的娱乐需求。如果主播只是满足粉丝的购物需求，不断地推销产品，那么粉丝在购买产品后就会退出直播间，难以留存。所以，主播应满足粉丝购物和娱乐两方面的需求，在推销产品的同时也要让直播内容更具有娱乐性，这样才能够留住粉丝。

菲菲是一名推销化妆品的主播，为了吸引更多粉丝，在推销化妆品之余，她还会为粉丝讲解不同妆容的画法，以及一些化妆的小技巧，也会根据粉丝的建议化一些有趣的仿妆。因为菲菲直播内容的趣味性，一些粉丝即使在没有购物需求时也会进入菲菲的直播间观看她的直播。例如，平日里如果有20万名粉丝在观看菲菲的直播，那么很可能只有几万名粉丝会下单，而剩下的粉丝都在围观。

对于菲菲而言，粉丝只围观、不下单也是十分有利的。围观的粉丝对产品也是有需求的，即使今天没有下单，但只要她们还在观看菲菲的直播，那么就很有可能在菲菲以后的直播中下单。

主播在满足粉丝购物和娱乐需求的同时，还要把握好这两方面内容的比例，否则会影响直播带货的效果。适当的娱乐性内容能够更好地留存粉丝，但是当主播直播中娱乐性内容过多时，就会分散粉丝对产品的注意力，不利于产品销售。

因此，在了解粉丝的购物和娱乐需求后，主播要抓住直播带货的重点，即推销产品。优质、性价比高的产品是主播吸引粉丝的最重要因素，而在直播内容中增加娱乐性只是提高粉丝黏性和产品销量的辅助手段。主播要控制好娱乐性内容的比例，不可本末倒置。

8.2.2 倾听粉丝的声音

主播要想把握粉丝的需求，就一定要学会倾听粉丝的声音。这是最直接的了解粉丝需求的方法，能够让主播更加精准地把握粉丝的需求。

粉丝所处的地域不同、年龄不同，其需求也不相同。主播在充分了解粉丝的各种需求后，才能够从中分析出粉丝的核心需求。主播可以通过以下方式倾听粉丝的声音，了解粉丝的需求，如图 8-2 所示。

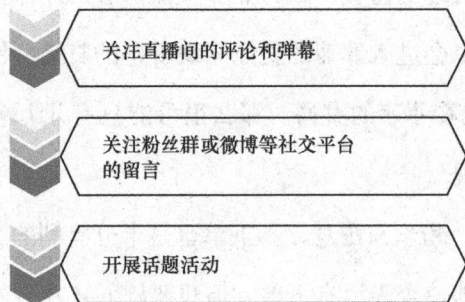

图8-2 倾听粉丝需求的方式

（1）关注直播间的评论和弹幕

主播倾听粉丝需求的最基础的途径，就是关注直播间的评论和弹幕。在直播结束后，主播要观看直播回放，分析直播中的评论和弹幕，以便了解粉丝的想法。粉丝发送的评论和弹幕是其对直播内容最直接的反应，主播通过分析这些评论和弹幕能够清晰地认识到自己的直播出现了哪些问题，以及应该如何优化直播内容。

（2）关注粉丝群或微博等社交平台的留言

除了在直播间发送评论和弹幕以外，一些粉丝也会在粉丝群或主播发布的微博中发表自己的看法，这些内容对于主播而言也是十分重要的。主播要时常关注粉丝群的讨论或留言，也可以通过粉丝群、微博等和粉丝进行交流，了解粉丝的需求。

（3）开展话题活动

主播可以通过开展话题活动的方式，有针对性地了解粉丝的需求。例如，主播可以在微博上设置"我最喜欢主播的一点""主播的特点"等话题，鼓励粉丝积极参与，通过这种主动制造话题的方式激发粉丝的讨论，从讨论中了解粉丝的需求。

坐拥千万粉丝的淘宝主播薇娅十分重视倾听粉丝的声音。在开展直播带货的两周年之际，薇娅为粉丝举办了一场粉丝节活动。薇娅表示举办这场活动不是为了推销产品，而是为了倾听粉丝的声音，了解粉丝的需求。

在粉丝节活动中，薇娅和粉丝进行了亲切互动，并为粉丝准备了伴手礼和各种福利。通过这场活动，薇娅充分地了解到了粉丝的需求。同时，她和粉丝的关系也变得更亲密。在这次活动结束后，薇娅还表示为了以后多倾听粉丝的需求，每年都要举办一场粉丝节活动。

在挖掘粉丝需求方面，倾听粉丝的声音是必不可少的。主播除了采取各种方式倾听粉丝的声音以外，还要注意倾听粉丝的声音是一个长期的过程。粉丝的需求是不断变化的，主播需要经常倾听粉丝的声音，以便能够及时、准确地优化自己的直播内容。

8.2.3 95后新晋主播：展现粉丝想看到的样子

直播带货已经成为一个新风口，2018 年，淘宝直播成交额已达千亿元人民币。新的机遇吸引了越来越多的人进入直播带货这个行业中，其中就有

95 后主播乔乔。

乔乔在大学期间学的是化妆造型专业，了解许多化妆技巧，也具有丰富的化妆经验。在其毕业时，直播带货发展得尤为火热。在做了一番研究后，乔乔毅然开通淘宝直播间，做起了主播。

乔乔做直播带货并非临时起意，她在产品选择、直播时间段选择、直播流程等方面都做了充足的准备。在进军直播带货行业之前，乔乔信心满满，认为自己一定能够将直播做好。

然而，在进行了几次直播之后，乔乔发现了问题。乔乔的性格比较腼腆，即使有较专业的化妆品知识，她也难以应对屏幕前粉丝的种种提问。同时，乔乔把控不好直播的流程，当直播中出现意外状况时，她更是手足无措。

经历过前期直播的这些挫折后，乔乔明白了她还有许多工作要做。为了把直播做好，为了在粉丝前展示自己最好的样子，乔乔做了多方面的努力。

首先，在每场直播之前，乔乔都会花时间去了解产品的特点，并根据产品的特点进行讲解。乔乔认为这样做既是对产品负责，也是对粉丝负责。每场直播之后，乔乔都会认真研究直播数据，分析自己的直播状态，一步步地优化自己的直播方式。渐渐地，在对每个产品的细节把控和直播氛围的把控方面，乔乔有了明显的进步，她也一直坚持把自己最好的状态展现给粉丝。

其次，乔乔也更加注重与粉丝的互动交流。在直播过程中，乔乔经常与粉丝聊天，了解粉丝的需求，还会不时地开展各种互动福利活动，鼓励更多粉丝参与进来。此外，乔乔在直播中会经常鼓励粉丝活出自己，鼓励粉丝追求自己想要的生活，与粉丝的聊天也更加亲密自然。

经过一次次的改变，乔乔成熟了许多，做起直播销售来也更加轻车熟路。

现在的乔乔已经能够轻松把握直播销售过程中的流程和节奏，能够在介绍产品的同时展现自己的专业性，也能够在与粉丝的交流中展现自己的人格魅力。总之，乔乔在粉丝面前展现了自己的闪光点，成长为一名优秀的主播。

8.3 根据粉丝需求打造产品卖点

主播为什么要挖掘粉丝需求？直播带货的目的是销售产品，为了更好地实现这个目标，主播要了解粉丝需求，根据粉丝需求打造产品卖点。只有产品的卖点符合粉丝的需求，主播才能够更好地将产品推销出去。

8.3.1 寻找粉丝兴奋点：聚焦产品的核心卖点，打造不同之处

产品的核心优势是最吸引粉丝的地方，为了激发消费者的购物热情，实现产品销售，主播需要在了解粉丝需求的基础上寻找粉丝的兴奋点，聚焦产品的核心优势，打造产品的核心卖点，突出产品的与众不同之处。主播可以从以下两个方面入手，寻找粉丝的兴奋点，以更加准确地进行产品推荐。

（1）抓住粉丝需求的兴奋点

主播在推销产品前一定要充分考虑产品受众的普遍特性：粉丝对产品有需求，一定是因为产品的某项功能切中了粉丝的兴奋点。因此，主播在推销产品时需要向粉丝反复强调产品的核心卖点，激发粉丝的购物热情。

例如，某主播就在直播间向粉丝推荐了一款祛痘霜，并通过介绍祛痘霜核心卖点的方式抓住了粉丝需求的兴奋点。市面上的祛痘霜有很多种，单纯的祛痘功效并不能真正切中粉丝需求的兴奋点。而这位主播推荐的这款祛痘

不仅有祛痘功效，还能够有效祛除痘印，让粉丝彻底摆脱痘痘的困扰。这显然是这款祛痘霜的核心卖点，也是粉丝需求的兴奋点。因此，该主播在为粉丝推荐这款祛痘霜时，着重强调了这款祛痘霜具有祛除痘印的功效。由于主播准确地抓住了粉丝需求的兴奋点，激发了粉丝的购物热情，因此有痘痘烦恼的粉丝纷纷下单购买了这款祛痘霜。

（2）抓住粉丝共鸣的兴奋点

有时候，主播推销的产品并不一定是粉丝必须购买的产品，但是粉丝依然愿意购买，就是因为主播在介绍产品的过程中激发了粉丝的共鸣，让粉丝愿意为这些非必需品买单。主播在介绍非生活必需品时可以通过营造场景激发粉丝共鸣，从而抓住粉丝共鸣的兴奋点。

例如，一位主播在推销一款分隔瓶时，就通过场景营造的方式激发了粉丝的共鸣，抓住了粉丝的兴奋点。在介绍这款分隔瓶时，该主播最开始介绍了分隔瓶轻便、便携、密封性好等特点，但粉丝的反响并不强烈。

于是，主播接着说道："不知道大家平时会不会经常出差或旅游，每次出门都要带各种瓶瓶罐罐是不是十分麻烦？而有了这个分隔瓶，大家可以将各种护肤品倒出一些密封到分隔瓶中。这样即使出差或旅游也能够做到轻装上阵，十分方便。"这顿时激起了粉丝的讨论，纷纷表示带大瓶的护肤品出门真的十分不方便。主播的这番话抓住了粉丝共鸣的兴奋点，粉丝纷纷下单购买了分隔瓶。

在寻找粉丝的兴奋点方面，主播可以通过打造产品的核心卖点，激发粉丝的共鸣，强化粉丝对产品的需求。这样能够激发粉丝的购物热情，从而提升产品的销量。

8.3.2 寻找粉丝痛点：将痛点转化为卖点

除了寻找粉丝兴奋点以外，主播也可以通过寻找粉丝痛点以打造产品卖点。粉丝痛点能够反映产品痛点，主播可以从产品入手，从产品卖点、附加服务等方面淡化产品痛点，从而淡化粉丝痛点，也可以根据粉丝痛点打造产品卖点，如图 8-3 所示。

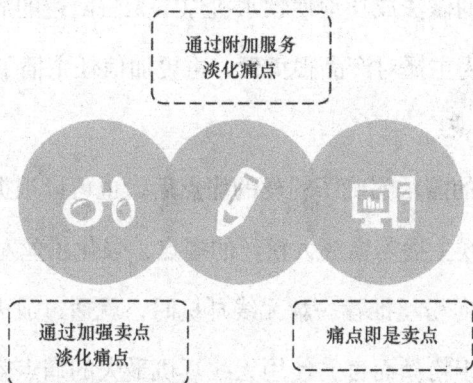

图8-3 将痛点转化为卖点的方法

（1）通过加强卖点淡化痛点

当一款产品的卖点能够掩盖其痛点时，主播就可以通过反复强调产品卖点、淡化产品痛点的方法吸引粉丝下单。例如，一位主播需要推销一款无线耳机，该耳机的价格并不便宜，但是其性能十分优越。这时主播就可以强调这款耳机的优越性能，展示耳机的高性价比。产品性价比高这个卖点就能够掩盖产品单价高这个痛点。

（2）通过附加服务淡化痛点

除了强化产品卖点以外，主播也可以通过增加产品的附加服务淡化产品的痛点。提供产品附加服务不仅能够淡化产品痛点，甚至还会成为产品新的卖点。

例如，一位主播向粉丝销售了一款饮水机，但是在安装的过程中，这款饮水机的零件出现了问题，导致饮水机滤芯的使用寿命变短，很多粉丝都向主播反映了这个问题。主播在得知这个问题后并没有回避，而是告诉粉丝可以到店铺免费更换滤芯，并且凭借购买截图还能够得到每半年一次的滤芯清洗服务。主播这样的做法成功地使饮水机原本无法回避的痛点变成了服务上的新卖点，粉丝认为主播对产品很负责，也更加信任主播了。

（3）痛点即卖点

主播通过粉丝的需求明确了粉丝的痛点后，也可以根据粉丝的痛点打造产品的卖点。这时候主播需要放大粉丝的痛点，强化粉丝对产品的需求。

例如，主播在向粉丝推荐一款无线耳机时，就通过放大粉丝的痛点强化了产品的卖点。对于粉丝而言，使用无线耳机最大的痛点就是如果丢失了其中一只耳机，那么另一只也就不能用了。因此，主播在推荐这款无线耳机时着重强调了这款耳机独有的警报功能，即当两只耳机的距离超过 3 米时，该耳机就会发出智能提示，这在很大程度上能够避免耳机丢失的问题。

了解粉丝的需求后，主播就能够根据粉丝的需求明确粉丝的痛点。如果主播推销的产品能够解决粉丝的痛点，那么产品的这个特点自然会成为产品的卖点。主播抓住产品的这个卖点，自然能够激发粉丝的购买热情，提高产品的销量。

第9章

表现力：

主播的个人表现力决定带货效果

主播的个人表现力直接影响其带货的效果。因此，主播提高个人表现力十分有必要。主播要学习与粉丝进行交流的技巧，在直播中展现自己的亲和力和热情，这些都能够提高主播的个人表现力。主播具备了超强的个人表现力，能够有效地吸引粉丝的目光，使粉丝对自己更有好感，从而愿意购买自己推销的产品。

9.1　学会沟通是主播的基本功

在直播带货的过程中，主播需要时刻与粉丝进行沟通，这就要求主播必须掌握与粉丝沟通的技巧。主播的感染力越强，就越能够感染粉丝的情绪，引导粉丝下单。

9.1.1　用幽默化解尴尬

主播在直播中难免会出现小失误，有些粉丝也可能会询问一些不合时宜的问题，这些都可能使直播陷入尴尬的境况。如果主播不能解决直播过程中出现的这些小意外，让尴尬氛围持续下去，就会导致部分粉丝流失。因此，当直播的过程中出现意外情况时，主播需要及时且巧妙地化解尴尬，重新营造直播间活跃的气氛。

幽默的语言能够很好地化解尴尬。例如，某主播是江西人，说普通话时会带有江西口音。在一次直播中，这位主播为粉丝介绍完产品后，一位粉丝评论道："主播还是捋好舌头再说话吧，这样讲话听着真别扭。"一句话使直播间的气氛瞬间降了下来。但是，该主播并没有因为这位粉丝的话而生气，他笑笑说："之前有人问我，身为主播怎么连普通话都说不好？其实，我是怕我普通话说得太标准，把你们迷倒。"主播的这一番话令粉丝忍俊不禁，也巧妙地化解了尴尬，直播间的气氛很快就再次活跃起来。

上述案例中，主播通过幽默的回复化解了直播间的尴尬，使直播得以顺利进行，而这种幽默的语言也是其他主播需要学习的。主播在直播过程中适时地使用幽默的语言能够使直播间的气氛更加轻松愉悦，这种轻松愉悦的气氛是粉丝需要的。

在淘宝直播中有一位昵称为"思辰不是舒淇哦"的主播，被人称为"戏精主播"。这位主播不仅颜值高，而且直播风格十分风趣幽默。这吸引了大量的粉丝，每场直播都能够取得十分不错的销售额。因此，风趣幽默的直播是主播吸引粉丝关注、提高直播间销售额的有利武器。

由于粉丝群体的广泛性，其性格和知识水平存在差异，主播在直播过程中难免会遇到一些棘手的问题，这时主播就可以运用幽默的语言巧妙地化解尴尬。幽默的语言不仅能化解尴尬，还能表现主播的智慧，使主播以自己的人格魅力吸引更多粉丝。

9.1.2 表现真实，语言通俗接地气

在直播时，为了让更多粉丝能够清楚产品的优势，主播的表现一定要真实，语言一定要通俗接地气，让更多粉丝理解自己的表达。

在介绍产品时，主播需要通过生动形象的表现感染粉丝，激发粉丝的购物热情，同时也要真实地向粉丝展现自己使用产品的感受，不能过分夸大产品的特点或功效。如果主播表演的成分太多，那么就会让粉丝产生质疑，不利于产品的销售。只有主播的表现真实，才会赢得粉丝的信任，收获粉丝的好感，从而实现产品的销售。

在语言表达方面，主播也应时刻记住自己的目的，即将产品推销给粉丝。为了达到这个目的，主播需要用通俗易懂的语言介绍产品，使更多粉丝

能够听懂自己的介绍。

有些主播为了展示自己的专业性，总会用生涩难懂的词汇介绍产品。粉丝听不懂主播的介绍，难以判断自己是否需要主播推销的产品，自然也不会购买主播推销的产品。

例如，有一位主播在向粉丝推荐一款香水时是这样介绍的："这款香水的香精浓度高达20%，主调是柑橘、檀香和雪松，混合成一种非常清新的木质香。"这位主播介绍了许久，香水的销量依旧不高。原因就在于这位主播的介绍虽然很专业，但许多粉丝都无法听懂他的介绍，自然也不会下单。

另一位主播在推销这款香水时则是这样介绍的："这款香水是用天然香精调制而成的，安全不刺激，留香时间约为4小时，香水的味道像是夏天雨后森林的味道。"主播只用了简简单单的几句话进行介绍，粉丝却纷纷下单。因为这位主播将"香精含量"转换为粉丝更能够理解的"留香时间"，又把香水的味道形容为"夏天雨后森林的味道"，更容易让粉丝产生想象。

对于主播而言，只有了解粉丝的需求，并能够通过平实的语言激发粉丝的购物欲望，才是真正的专业能力体现。而主播在直播时表现真实、语言通俗易懂，也更容易拉近与粉丝的距离。粉丝更加信任主播，主播也能够提升直播间的销售额。

9.1.3 引入流行语，吸引年轻粉丝

当前，年轻人已经成为直播购物的主力军。因此，主播吸引年轻粉丝的关注就变得十分重要。主播需要深入了解年轻粉丝的生活，和他们"打成一片"，才能够获得他们的认可，吸引他们观看自己的直播。

在直播中引入当下火热的流行语是吸引年轻粉丝的有效方法。但是，主播在使用流行语时，主要有以下几点注意事项，如图9-1所示。

图9-1　使用流行语的注意事项

（1）经常更新流行语

主播使用流行语是希望借此吸引年轻粉丝观看自己的直播，但流行语更新换代的速度是非常快的，新的流行语出现后，旧的流行语可能就失去了对年轻粉丝的吸引力。所以，主播需要经常更新自己使用的流行语，确保自己使用的是最新的流行语，通过流行语持续吸引年轻粉丝观看自己的直播。

（2）了解流行语的含义

主播在使用流行语前要充分了解流行语的含义，错误地使用流行语会引起年轻粉丝的反感。例如，许多年轻粉丝在网络上发表自己的意见时会使用"宁"这个字，一些主播在了解到"宁"是"您"的意思后就迫不及待地将这个字用在了自己的直播中，却导致大量年轻粉丝流失。

其实只要主播稍加了解，就会发现"宁"字虽然代表"您"字，但年轻粉丝都是在沟通中与另一方意见不合时才会使用"宁"这个字。如果主播使用不当，那么就会让粉丝觉得主播是在讽刺自己的观点，从而取关主播。为

135

了避免产生误会而导致年轻粉丝流失，主播在使用流行语前必须要了解流行语的真实含义。

（3）不使用有争议的流行语

在使用流行语时，主播应注意不要使用有争议的流行语。例如，"集美"一词代表"姐妹"的意思，很多年轻粉丝喜欢用这个词称呼网友，但同时也有一些年轻粉丝很反感这个词。为了吸引更多年轻粉丝，主播应避免使用这种有争议的流行语，而使用正能量的流行语。

（4）把握使用流行语的时机

流行语的使用并非越多越好，主播要把握使用的时机。在直播的过程中，主播适时地使用流行语能够激活直播间的气氛，赢得年轻粉丝的好感，而在不恰当的时机使用流行语也会降低年轻粉丝对主播的好感。

在使用流行语时，主播需要把握以上注意事项，准确地使用正向的流行语，以更好地拉近自己与年轻粉丝的距离。

9.1.4 有效沟通：明确自己的表达和对方的想法

主播在与粉丝沟通时，一定要让对方知道自己在表达什么，同时也要了解对方在说什么。保证与粉丝的有效沟通是十分重要的，主播需要注意以下几个方面。

首先，在与粉丝沟通的过程中，主播要明确自己的表达。在直播带货的过程中，主播需要介绍清楚产品的优势和卖点。在开展各种活动时，主播也需要讲明活动的规则。为了确保粉丝能够清楚地了解这些内容，主播可以不时地询问粉丝是否存在疑惑。如果粉丝提出了问题，那么主播就需要针对问题进行详细的回答。

其次，主播要倾听粉丝的想法，站在粉丝的角度思考粉丝的表述体现了哪些需求。在明确粉丝的需求后，主播才能够有针对性地与粉丝继续沟通。如果主播不了解粉丝的需求，那么就容易讲错话，引起粉丝的反感，导致粉丝流失。

最后，许多主播会因为直播间的人数太多而忽略粉丝的想法。这时候主播就要多向粉丝提问，让粉丝提出问题、表达自己的想法。这样主播才能够了解粉丝的需求，进而实现有效沟通。

9.2　亲和力是拉近主播与粉丝距离的保障

主播在直播过程中展现自己的亲和力也是十分重要的，具有亲和力的主播更能拉近与粉丝的距离。在展现自身亲和力方面，主播可以从共同话题入手，引发粉丝共鸣。同时，在面对负面评价时，主播也可以通过"自黑"的方式展现自己的宽容和亲和力。

9.2.1　从共同话题入手

小玉是一名直播带货的主播，在刚开始做直播时，她因为性格内向而十分拘谨，不懂得如何与粉丝进行沟通。这导致小玉的直播间十分冷清，产品的销量也十分惨淡。

后来，为了更好地推销产品，小玉请教了一位经验丰富的主播。这位主播时常与小玉一起练习直播中的沟通内容，还教了她许多与粉丝沟通的技巧。她告诉小玉可以从共同话题入手，和粉丝进行沟通。

在这位主播的帮助下，每次直播前小玉都会准备一些与直播内容相关的话题。在粉丝提起某话题时，小玉会积极地和粉丝进行探讨。渐渐地，小玉的性格变得活泼了起来，在直播时会经常和粉丝进行互动。很快，小玉的粉丝就多了起来，直播间的销售额也得到了稳步提升。

从共同话题入手与粉丝展开讨论，能够展现主播的亲和力，拉近主播与粉丝的距离。在这方面，主播可以为直播设计一些话题。例如，主播在介绍服装时，可以与粉丝聊一聊服装的搭配问题，也可以讨论适合服装的妆容。

主播可以从以下几个方面入手，寻找能够引起粉丝共鸣的话题。

第一，主播可以从一些小细节入手寻找话题。在直播带货的过程中，主播会对产品进行详细的介绍，也会讲解一些关于产品的小知识，而观看直播的粉丝都是对产品存在需求的，他们对产品十分有兴趣。主播与粉丝对产品的兴趣是一致的，在介绍完产品后，主播可以以产品的某一细节为出发点与粉丝展开讨论。例如，在推销一款鞋子时，主播可以与粉丝讨论鞋子搭配的服装风格、鞋子的清洗技巧等。对这些共同话题的讨论可以拉近主播和粉丝的距离。

第二，主播可以根据粉丝提出的话题展开讨论。例如，主播在推销一款帽子时，一位粉丝询问："这款帽子适合什么发型？"主播就可以以此为话题，引导直播间的其他粉丝展开讨论，最后给出自己的建议。

第三，主播可以以自己的经历和粉丝展开讨论。例如，销售宠物零食的主播可以在直播的过程中分享一些自己与宠物的趣事，也可以分享养宠物过程中的一些烦恼。由于主播的粉丝也多为"铲屎官"，他们对于主播分享的事情能够产生很深的共鸣，因此也会积极地分享自己的经历。

对共同话题的讨论不仅能够拉近主播与粉丝的距离，展现主播的亲和力，同时也能够提高粉丝的黏性，进而提高直播间的销售额。此外，主播亲和力的展示能够让粉丝更加信任主播，愿意购买主播推销的产品，这对于提高直播间的销售额而言是十分有利的。

9.2.2 适当自黑可以"转负为正"

在直播的过程中，主播可能会因为一时紧张或一时考虑不周而出现小错误，这时就可能会有粉丝发表负面的评论。一些主播在面对负面评论时难以控制自己的情绪，会和粉丝在直播间进行激烈争吵或一气之下干脆下播等。这种应对方式都会对主播造成不良的影响，更不利于主播亲和力的打造。

那么，主播应该如何化解这些负面评论呢？适当的自黑可以"转负为正"。

某主播在为粉丝推荐零食时，会在直播间中试吃。许多粉丝都十分喜欢观看主播试吃零食，纷纷表示主播"真实不做作"，但也会有一些粉丝在直播间发布"主播吃东西好丑啊""主播能优雅一点吗"等弹幕，并发布了许多恶搞主播的表情包。

对于粉丝的这些负面评论，主播并没有气恼，他在直播间里称赞了这些粉丝的创意，并表示自己一定在接下来的直播中为大家提供更多的表情包素材。另外，该主播还自制了许多自己的有意思的表情包供各位粉丝使用。

对于一些粉丝的恶意评论和恶搞，该主播并没有恼怒，反而通过自黑的方式自制了更多自己的表情包。这些表情包为粉丝带去了欢乐，同时也让粉丝看到了主播的智慧和情商。因此，主播恰到好处的自黑获得了更多粉丝的好评。

同时，主播在自黑时也需要把握好尺度。过度的自黑也会降低粉丝对主播的好感，不仅不能扭转局面，而且会造成更多粉丝的流失。因此，主播在自黑时一定要有的放矢，恰到好处地自黑才会赢得粉丝的认可，使其更加亲近主播。

9.3 积极的状态可以点燃粉丝的热情

主播要想吸引更多粉丝下单，就要时刻保持积极的状态，以此点燃粉丝的热情。主播要做好形象管理，向粉丝展示自己的良好形象，也需要通过表情、动作展现自己积极的状态，以此感染粉丝。

9.3.1 做好形象管理，时刻向粉丝展示最好的一面

在直播的过程中，主播需要时刻管理好自己的形象，把自己最好的一面展现给粉丝。主播要从外表和行为举止两方面入手，提升自己的个人形象。

（1）外表

外表管理是最基本的形象管理。主播需要保证自己面容干净、着装整洁，也可以化一点淡妆。干净整洁的外表能让主播在粉丝面前展现自己的良好状态，让粉丝感觉到主播对直播的重视。

此外，主播还可以根据每次直播的不同主题改变自己的穿搭风格及妆容。

玲玲是一位推销美妆产品的主播，在每次直播开始时，她都会用本次直播将要推销的美妆产品为自己化不同风格的妆容，然后开始介绍产品。为了

展现自己更好的形象，也为了展现自己对粉丝的重视，玲玲在每次直播时还会根据自己的妆容搭配不同风格的衣服。这让粉丝看到了玲玲的用心，感受到了玲玲对自己的尊重。因此，粉丝在观看玲玲的直播时也更加热情。

（2）行为举止

除了外表以外，主播也要管理好自己的行为举止，向粉丝展现自己良好的个人素质。主播良好的个人素质能够展现其个人魅力，体现对粉丝的尊重，使粉丝对主播更有好感。主播在直播过程中要时刻注意自己的行为举止，在介绍产品时不要有多余的小动作，在试吃食品时也要尽量保持动作雅观，更不要在直播间对粉丝做出无礼的举动。

主播的行为举止能够体现个人素质，主播的个人素质越高，越能够获得粉丝的好感。因此，主播需要在进行直播彩排时分析自己的行为举止是否得当，不断修正自己在行为举止方面存在的问题。

主播可以从外表和行为举止两方面入手做好形象管理，展示自己对直播的重视和对粉丝的尊重。主播时刻向粉丝展现自己最好的一面，能够点燃粉丝的热情，激励粉丝以同样的热情回应自己。

9.3.2 表情动作活泼灵动，营造活跃的氛围

一些主播在直播时不知道该怎么做，表情、动作僵硬且单一，这都是主播难以提升人气、提高产品销量的重要原因。因此，在直播带货的过程中，主播需要调整好自己的表情和动作，用自己的表现带动粉丝的热情。

直播间是主播和粉丝进行沟通互动的主要渠道，除了保持微笑以外，主播也要做出丰富的表情和动作，以调动直播间的气氛。例如，当主播在试穿

衣服时，如果衣服的上身效果非常好，就可以通过一些夸张的描述或动作表示自己对衣服的满意。适度夸张的表情或动作能够让粉丝感受到主播的积极与热情，使其对产品产生好感。

再例如，一位主播在推销一款话梅时，对粉丝讲道："据说这款话梅超级酸，让我们来尝一下。"在吃了一粒话梅后，主播的五官皱成了一团，并迅速喝了一大杯水，然后对粉丝讲道："哇！这款话梅真的超级酸，感觉酸味瞬间就在口中爆炸了。喜欢吃酸的朋友们可以挑战一下。"主播这番介绍勾起了很多粉丝的好奇心："这款话梅真的有这么酸吗？"带着这样的好奇，许多粉丝都纷纷下单购买了这款话梅。

在直播中，除了语言以外，主播的表情和动作也能够反映主播的状态，感染粉丝的情绪。因此，主播要保证自己的表情、动作活泼灵动，以此带动直播间的氛围，点燃粉丝的热情。

第10章

建立信任关系：
提升粉丝对主播的信任度

主播在直播带货的过程中与粉丝互动，不仅能够积累更多粉丝，增强粉丝的凝聚力，还能提升粉丝对主播的信任度。因此，主播需要注重直播过程中的互动环节，掌握与粉丝进行互动的方法。

为了激励粉丝与主播互动，提高粉丝的互动体验，主播需要迎合粉丝的心理，拉近与粉丝的距离。主播可以通过回答粉丝评论、制造话题等方式与粉丝互动，提升粉丝的参与感。

10.1 迎合粉丝的想法

为了在直播带货的过程中激活粉丝，促使粉丝积极地参与互动，主播要迎合粉丝的想法，根据粉丝的心理需求与其进行互动。拉近与粉丝的距离更能赢得粉丝的信任。因此，主播需要多站在粉丝的角度考虑问题，多关注粉丝的需求。

10.1.1 用专业知识征服粉丝

在介绍产品的过程中，喊口号式的推销难以使粉丝对主播产生信任。要想建立与粉丝之间的信任关系，主播就必须用自己的专业知识征服粉丝。

以家装产品为例，大部分粉丝对家装行业并没有过多了解，自然也缺乏与家装相关的专业知识。粉丝在购买家具时会发现家具有不同的材质、款式，相对应的装修风格也不尽相同，很容易陷入迷茫，不知从何处入手挑选产品。这时，主播就可以依据自己的专业知识为粉丝提供帮助。

主播一定要对自己销售的产品及其相关知识有充分的了解，这样才能够更好地帮助粉丝解决问题。在销售家具的过程中，主播要了解家具的材质、款式、适应的装修风格等，同时还要对家装设计、家具的保养等知识有一定了解，以便在粉丝提出疑问时给出合理的回答。

例如，一位粉丝刚刚拥有了一套自己独居的小公寓。由于公寓的空间不大，难以挑选到适合的家具。这时主播就可以先了解公寓的具体面积、空间布置、粉丝喜爱的装修风格等，再根据公寓的情况和粉丝的需求进行推荐。主播既可以为粉丝推荐上床下桌的多功能床，也可以推荐一些方便收纳的衣柜等。这样既能够解决粉丝的问题，也让粉丝感受到了主播的专业性，从而建立了与主播之间的信任关系。

不只是推销家具，主播在推销任何产品时都要具备一定的专业性。即使只是推销一款普通的零食，主播也可以在推销的过程中向粉丝展现自己的专业性。许多粉丝在购买零食时不只看中零食的口味，他们也会在意吃多了零食是否会对健康有影响。部分女性粉丝还会担心零食是否容易使她们发胖。所以，主播在推销零食时，就可以多强调零食中富含的对人体有益的成分；对于担心吃多了零食会发胖的粉丝，还可以教她们制作一些低卡沙拉的小技巧，等等。

无论主播推销什么种类的产品，都要对产品有足够的了解，展示自己的专业性，以获得粉丝的认同。主播用自身的专业知识征服粉丝，能够更好地与粉丝建立信任关系。

10.1.2　多讲故事，拉近与粉丝的距离

除了展示自己的专业知识以外，主播还要在直播带货过程中拉近自己与粉丝的距离。在直播的过程中多讲故事能够引发粉丝的共鸣，展现亲和力，拉近主播与粉丝的距离。

很多主播在直播时更注重对产品的介绍，全程都在说明产品的功效、使用体验等，与粉丝进行互动时也只是围绕产品为粉丝答疑解惑。这样的推销方式虽然可以让粉丝充分地了解产品，却不一定能够让粉丝相信主播的推

荐。因为在很多粉丝的眼里，主播只是在机械地推销产品，他们无法完全信任主播的推荐。

薇娅在直播的过程中就不会单纯地推销产品。在推销产品之余，她也会和粉丝讲一些生活中的小故事，分享自己和家人之间的生活趣事。所以，她在粉丝眼里不只是一位淘宝主播，也像是生活中的邻家大姐姐。

多讲故事并不意味着不能推销产品，主播可以把对产品的推销融入故事里，并通过讲故事把粉丝带入具体的产品使用场景中。例如，主播在推销一款母婴产品时，就可以以自家孩子或者亲戚家的孩子打开话题，和粉丝分享一些关于孩子的小故事，再讲讲养育孩子过程中遇到过的烦恼。同样有孩子的粉丝自然会和主播产生共鸣。这样一来，主播既能推销产品，又拉近了与粉丝的距离。

主播在直播中讲故事能够与粉丝建立起情感连接。一些快乐或烦恼的小故事可以使主播的形象更加生活化，从而拉近主播与粉丝的距离，建立主播与粉丝的信任关系。

在直播时，如果主播只是单纯地介绍产品，则很难让粉丝产生亲近感，也难以赢得粉丝的信任；要想赢得粉丝的信任，就要贴近粉丝的生活。直播间不仅是主播推销产品的平台，也是主播和粉丝互动的窗口。良好的互动能够在一定程度上满足粉丝的社交需求，粉丝的需求得到了满足，自然也会对主播产生好感，加深对主播的信任。

10.1.3 强调产品性价比，做粉丝心中的良心卖家

产品是主播与粉丝建立信任关系的媒介，主播可以通过产品提升粉丝对自己的信任度。这就需要主播在介绍产品的过程中突出产品的性价比，做粉

丝心中的良心卖家。主播在直播的过程中应如实对产品进行介绍，反复强调产品的性价比，使消费者认知到产品物有所值。

有时候主播推销的产品并不比同类产品便宜，一些粉丝并不了解产品的性价比，他们可能会觉得越便宜的产品越实惠，但事实往往并非如此。这时为了让粉丝信任自己的推销，主播就需要从产品的性价比出发，为粉丝分析自己推销的产品比同类产品价格高的原因。因此，主播在推销产品时，一定要讲明产品的优势，让消费者明确产品的性价比，这样才能够让粉丝信任自己的推销，成为粉丝心中的良心卖家。

例如，主播在推销产品时可以说："和同类产品相比，可能这款产品的价格要高一些，因为这款产品在制作时选用了更优质的材料，这使产品的使用寿命更长。或许有一些同类产品更加便宜，但其质量却很难有保证，而这款产品的平均使用寿命为5年。并且如果产品在1年之内出现了质量问题，我们也会提供保修服务。"主播这样的推销既可以打消粉丝心中的顾虑，也让粉丝接受了产品的价格。

主播在推销产品时要多站在粉丝的角度，关注粉丝最关心的问题。相比购买便宜的产品，粉丝更希望买到性价比高的产品。因此，主播要强调产品的性价比，使粉丝了解到产品的价值。粉丝在了解到产品的性价比后，就会知道主播并不是欺骗自己，从而更加信任主播。

10.1.4 坦然讲明产品的缺陷

任何产品都不是完美的，主播介绍产品时也不需要回避产品的缺陷。相比隐瞒产品的缺陷，主播坦诚地讲明产品的缺陷更能够赢得粉丝的信任。

　　一些主播在介绍产品时只是一味地介绍产品的优势，对产品的不足之处绝口不提。但是，主播这样的自卖自夸只会让粉丝对产品产生质疑。如果主播在说明产品优点的同时也讲明产品的缺陷，就会让粉丝感觉到主播的坦诚，也就会信任主播推荐的产品。

　　主播坦然讲明产品的缺陷是十分有必要的，但也需要技巧。在讲明产品的缺陷这一方面，主播需要注意两个要点。

　　第一，主播要主动讲明产品的缺陷。在介绍产品时，主播主动讲明产品的缺陷更能赢得粉丝的信任。如果主播在介绍产品时回避了产品的缺陷，等到粉丝询问时才被迫讲出来，就会降低粉丝对主播的信任度。尤其是对于一些缺陷明显的产品而言，即使主播不讲明产品的缺陷，粉丝也能够看到。所以，主播主动讲明产品的缺陷反而能够赢得粉丝的信任。

　　第二，主播在讲明产品缺陷的同时，也要讲明产品的价格优势。在功能或功效上存在缺陷的产品往往价格也相对便宜，低价格就是这类产品的竞争优势。主播在介绍完产品的缺陷后，应及时讲明产品的价格优势，以此吸引追求实惠的粉丝购买产品。

　　例如，某主播在销售一款手机时，就坦然讲明了手机在功能方面的缺陷，同时讲明了手机的价格十分实惠。这让他赢得了粉丝的信任，手机也获得了不俗的销量。该主播推销的这款手机是某品牌经典款的一款手机，该款手机外观时尚，机身小巧，搭载最先进的处理器，性能优越。

　　在介绍完手机的优势后，主播又讲道："这款机身小巧的手机也存在一些固有的缺陷，它的屏幕为 4.7 英寸。屏幕小就意味着当大家在观看视频时，这款手机无法带给大家更好的观看体验。同时，它的内存也不大，难以存储大量的游戏、照片及文件资料。但是，这款手机性能优越、功能齐全，能够满足大家的日常生活需求。喜欢小屏手机的朋友千万不要错过。"

　　由于该主播坦然讲明了这款手机存在的缺陷，让粉丝感受到了他的真诚，因此，粉丝也更加信任主播及其推销的这款手机，即使这款手机存在一些缺陷，但是仍获得了不俗的销量。

10.2　在互动中建立信任关系

　　多互动是主播与粉丝建立信任关系的重要手段。在直播带货的过程中，主播要多与粉丝进行互动，增强粉丝的参与感。互动越多，粉丝越容易信任主播。主播可以通过回答问题、询问开放式问题、制造话题等方式与粉丝进行互动。

10.2.1　多看评论，耐心回答粉丝的问题

　　主播在直播时要多与粉丝进行互动，而回答粉丝提出的问题就是主播与粉丝进行有效互动的方法。因此，主播在直播的过程中要多看评论，有耐心、有重点地回答粉丝的问题。

　　在主播直播的过程中，粉丝会不时地询问一些他们没有听明白的问题，如产品的细节、直播间的优惠活动等。而粉丝进直播间的时间并不统一，很多时候，主播已经回答了一位粉丝关于产品的某个问题，不久后可能就会有刚刚进入直播间的粉丝询问同样的问题。这样的情况经常发生，主播需要时刻对粉丝保持耐心，认真对待粉丝的每一次提问。即使相同的问题，主播也

要认真回答。

在直播的过程中，主播也要随时注意粉丝的评论，及时解答粉丝提出的问题，不能只注重推销产品，而不关注粉丝的反馈。当直播间人数过多时，主播很难及时看到每一位粉丝的提问，这时就要有重点地挑选并回答粉丝询问较多的问题。

主播还可以不时地询问粉丝是否有疑问，避免遗漏粉丝提出的重点问题。这样能够使粉丝感受到主播的用心，因而更加信任主播。

有些粉丝或许会因为好奇而提出一些和直播内容无关的问题。例如，在直播时，主播身后出现了一条小狗，粉丝就会好奇地问："主播是在家里直播吗？这是主播养的小狗吗？"对于这一类与直播内容无关的问题，主播可以适当地做出回答："这是店铺里养的小狗，名字叫旺财，是我们店铺里的小宝贝哦。"这种回答既满足了粉丝的好奇心，也能够让粉丝看到主播生活化的一面，能够提高粉丝对主播的好感。

总之，在直播的过程中，主播可以通过回答粉丝提出的问题与粉丝进行互动。被粉丝提到最多的问题最能反映粉丝的需求，主播要对这些问题进行重点回答。主播关注并回答粉丝的问题能够让粉丝感觉到自己是被重视的，从而对主播更有好感。而在这种长久的、良好的互动中，主播与粉丝的信任关系也能够更好地建立起来。

10.2.2　你问我答：开放式问题引导粉丝参与

利用开放式问题引导粉丝参与直播，也是一种行之有效的互动方法。主播可以向粉丝提出一些开放式的问题，给粉丝自由发挥的空间，以此引导粉丝与主播进行互动。主播可以向粉丝询问"怎么做""为什么"等一系列问题，让粉丝积极地给予主播反馈。

主播在直播时询问粉丝开放式问题，可以使直播间的气氛变得更加活跃，同时也可以体现主播对粉丝的关注，能够拉近主播和粉丝之间的距离，有利于主播与粉丝建立信任关系。开放式问题可以调动粉丝的积极性，让主播有更多机会和粉丝进行互动，让粉丝在与主播的互动中感到放松，因而更加自在地和主播进行交流。主播提出开放式问题可以使粉丝感受到主播希望他们参与到直播中来，从而也愿意表达自己的想法。

以销售零食为例，主播在直播中介绍完一款零食后，可以围绕该零食提出一个开放式问题，引导粉丝进行互动。例如，在介绍完一款小蛋糕后，主播可以说："我个人比较喜欢巧克力口味的蛋糕，不知道大家更偏好什么口味呢？"

主播在介绍一款口味独特的零食时，也可以以口味的独特性提出开放式问题，引导粉丝互动。例如，主播可以说："这款零食中竟然含有香菜！我知道有一些人十分喜欢吃香菜，也有一些人从不吃香菜。那么，大家喜不喜欢吃香菜呢？你们喜欢吃香菜或不喜欢吃香菜的理由是什么？"听到主播的这种询问，许多粉丝就会积极地表达他们对香菜的看法，与主播进行互动。

巧妙地运用开放式问题和粉丝进行互动，可以提高粉丝的参与感，提升直播间粉丝的活跃度，同时也能够加深粉丝对主播的好感，提升粉丝对主播的信任度。

10.2.3 制造话题：引爆粉丝参与互动

主播直播的核心目的是销售产品，但如果主播留不住粉丝，自然也无法顺利地进行产品销售。在长达几个小时的直播里，如果主播一直围绕产品展开长篇大论，难免会让粉丝感到疲惫。因此，主播要通过与粉丝互动增强粉丝的参与感，要制造话题让粉丝展开讨论，引爆粉丝参与互动。

在开展直播之前，主播应为直播准备三四个话题。在准备话题时，要避免一些较敏感的话题。如果话题引发了粉丝的争吵，反而会得不偿失。主播可以选择一些轻松但有讨论点的话题，这样可以在愉悦的氛围中把直播间的热度调动起来，也能够让粉丝更加积极地参与到话题的互动中。

在推销产品的过程中，主播可以抛出一个与产品有关的话题，引发粉丝讨论。这需要主播多关注一些与产品相关的新闻热点。例如，主播在推销零食时，可以借时下的网红零食作为话题，也可以通过一些热播剧中出现的美食引爆粉丝的讨论。主播从当下热点中寻找话题，可以充分调动粉丝的积极性，让粉丝参与到讨论中，加强粉丝的参与感。

主播在直播时要学会制造话题，引爆粉丝互动的高潮。能够给粉丝留下深刻印象的主播，往往是善于制造话题的主播。主播在与粉丝进行话题讨论时，也能够使粉丝看到自己对某些事件的独特见解。双方可以在讨论中加深了解，拉近彼此的距离，主播也能够因此建立与粉丝的信任关系。

主播在通过话题讨论调动粉丝的积极性的同时，也要对粉丝的互动进行把控。如果粉丝的情绪过于高昂，或话题讨论的时间过长，对于接下来的直播是不利的。

　　直播间的热度和粉丝与主播的互动是相辅相成的。主播把控好话题讨论的内容和时间，与粉丝积极互动，能够使直播间的氛围更加活跃，粉丝也会更愿意参与到直播互动中。

第11章

建立社群：
流量反复利用的秘诀

当主播拥有一定数量的粉丝之后，建立社群是十分有必要的。建立社群能够维护粉丝，实现流量的反复利用。有了众多忠实、活跃的粉丝，主播的直播带货才能够获得更长久的发展。

在建立社群时，主播首先要明确社群的定位，确保社群内容与产品及粉丝密切相关。其次，主播要做好社群的内容输出。社群输出的内容能够体现社群的价值，是社群吸引粉丝加入的关键点。再次，主播需要通过一系列的促活手段激活粉丝，使社群具备持久的生命力。最后，在打造成熟社群的基础上，主播还要通过社群的裂变，实现社群的矩阵化发展。

11.1　定位：确定社群内容及发展方向

主播在建立社群时要精准把握社群的定位，通过产品为社群定位，通过对产品及粉丝的分析打造社群的标签。社群标签能够深化粉丝对社群的认知，也能够吸引更多粉丝进入社群。同时，社群标签的打造要兼顾粉丝的体验感和参与感，精准的社群标签能够提高粉丝的归属感。

11.1.1　以差异性定位社群

在建立社群时，主播要根据社群的差异性确定社群的定位。那么，如何明确社群的差异性呢？主播可以从以下三个方面分析，如图 11-1 所示。

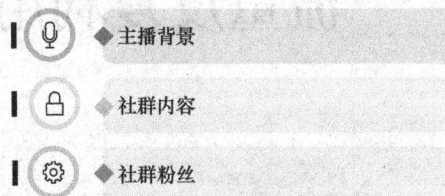

🎙　◆ 主播背景

🔒　◆ 社群内容

⚙　◆ 社群粉丝

图11-1　明确社群差异性的主要方面

（1）主播背景

主播背景主要包括主播的基本资料、主播对于所销售产品的相关行业有无职业背景、主播的个人经历等。通过对这些内容的分析，主播可以清楚地了解自己的优势在哪里、自己能吸引到哪些类型的粉丝等。

（2）社群内容

内容是社群的核心，主播要根据推销的产品确定社群的内容。例如，销售美妆产品的主播除了在社群中发布直播信息、产品信息和产品优惠以外，还可以在社群中分享一些化妆、护肤的知识等。主播也可以通过与同类社群的对比，完善社群内容的风格。例如，主播在分享美妆常识时，可以通过漫画的形式诙谐地展现一些美妆误区，以吸引更多粉丝阅读。

（3）社群粉丝

主播可以从以下两个方面入手，分析社群粉丝。

① 目标粉丝：主播销售的产品决定了社群的目标粉丝，所有对产品有需求的粉丝都是社群的目标粉丝。

② 粉丝结构：主播要分析社群中有哪些类型的粉丝，准确分析粉丝的结构类型对于主播维护社群和扩展社群规模都能起到重要作用。例如，同样是销售美妆类产品的主播，其粉丝结构的不同决定了其社群内容的不同。

一位主播的美妆社群中，粉丝多为 18 ～ 22 岁的女生，这个年龄段的女生不需要过多的化妆品修饰。因此，该主播在社群中推广的内容以淡妆教程和护肤产品为主。另一位主播的美妆社群中，粉丝多为公司白领。出于对形象的考虑，白领一般都会在工作前化好全套妆容。同时，白领的消费能力也相对较高。因此，该主播在社群中推送的内容多为高端化妆品评测、适合职场的妆容教学等。

主播通过对自身背景、社群内容和社群粉丝的分析，可以确定社群定位的方向。在分析过程中，主播需要提炼关键点，并以此打造社群的差异性，实现更精准的社群定位。

11.1.2 打造标签：提升社群吸引力

社群标签能够明确社群定位，以及社群的目标粉丝群体。例如，主播为社群打造了"职场穿搭"的标签，那么其目标粉丝就是职场人士。在建立社群之初，主播可能不知如何选择社群标签，无法精准定位社群标签。主播可以从以下几个方面入手，为社群打造合适的标签，如图 11-2 所示。

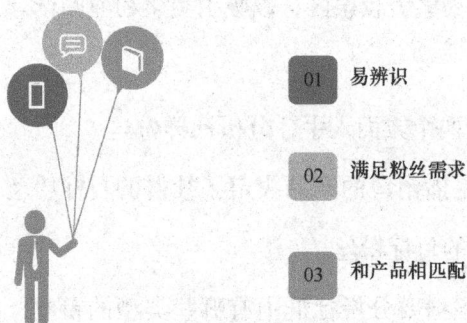

图11-2 如何打造社群标签

（1）易辨识

易辨识是指社群标签要清晰明确，避免语义不明。例如，"高端"这个词就非常模糊，什么是"高端"？哪些人才算得上"高端"？并没有明确的衡量标准。相比"高端"这个标签，"职场形象打造""运动风"等标签更清晰明确。

（2）满足粉丝需求

能够满足粉丝需求的社群标签更具有吸引力。例如，主播可以为社群打造"微胖女生穿搭""小个子女生搭配"等标签，服装难搭配是许多微胖女生或小个子女生的困扰，而这样的社群标签能够直击其需求点，满足其对服装搭配的需求，吸引其加入社群。

（3）和产品相匹配

产品是社群内容的主体，社群标签需要和产品相匹配。主播可以以产品为出发点，为社群打造"汉服女装""动漫周边"等标签。

打造好社群标签后，除了要在社群中发布与标签相关的内容以外，在开展线上及线下社群活动、产品宣传、社群推广等方面，活动细节与宣传文案也应符合社群标签。

11.2 输出：内容是提供价值的主力

社群的内容输出是社群的价值所在，要想经营好社群，主播就要规划好社群的内容。社群输出的内容一定要有价值，并且要让粉丝感受到社群的价值，以此提高粉丝对社群的黏性。

11.2.1 输出有方向：把握输出的核心内容

社群内容的输出对于社群的长久经营十分重要，是决定社群生命力的重要因素。所以，主播在规划社群内容之前，首先要明确社群内容输出的方向和核心内容。主播可以从以下几方面入手，把握社群输出的核心内容，如图11-3所示。

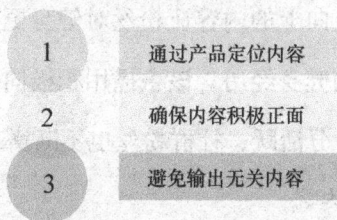

1	通过产品定位内容
2	确保内容积极正面
3	避免输出无关内容

图11-3 把握社群输出核心内容的方法

（1）通过产品定位内容

主播需要根据自己所推销产品的类型，确定社群输出的核心内容。例如，对于一位推销化妆品的主播而言，其社群输出的核心内容必须围绕化妆品展开。社群输出的内容可以是直播间的优惠活动、化妆品的产品信息、不同化妆品的测评和使用体验分享等。当然，主播也可以扩展社群输出的内容，分享一些不同化妆品的挑选技巧或不同妆容的化妆技巧。但是，社群输出内容的核心是固定的，即必须围绕化妆品展开。社群粉丝是主播所销售产品的受众，主播根据产品确定社群输出的内容能够很好地契合社群粉丝的需求，吸引更多粉丝进入社群。

（2）确保内容积极正面

主播向粉丝输出的内容必须是积极正面的，这样的内容更受粉丝的欢迎。例如，一位主播主要推销健身产品，他在社群中向粉丝输出的内容都是一些有关肥胖造成行动不便、身体多病的报道。该主播最初在社群中发布这些内容时，社群中的一些粉丝还会围绕这些内容展开讨论。但是，当该主播在社群中发布了大量有关肥胖、减肥失败等消极的内容后，许多粉丝都对这些内容产生反感，并纷纷退出了社群。

而另一位同样推销健身产品的主播在向社群中发布内容时，选择的都是十分积极向上的内容，例如，关于健身的小技巧、健身达人的自述、健身对健康的好处等。这些积极向上的内容让粉丝对健身更有热情，也有更多粉丝乐于在社群中分享自己的健身经历。该主播用积极向上的内容成功地调动了粉丝的积极性，其社群十分活跃，社群粉丝也不断增长。

（3）避免输出无关内容

要想经营好社群，主播就要保证社群内容的持续输出，吸引粉丝持续关注社群。保证社群内容的持续输出并不容易，但主播也要注意，不能为了保持持续输出就在社群中发布与产品无关的内容。粉丝进入社群是因为其对主播所销售的产品有需求，对与产品有关的知识感兴趣。对于粉丝而言，与产品相关的社群内容才是有价值的。如果主播在社群中输出的内容与产品无关，就会使粉丝对社群的价值产生质疑，甚至退出社群。

总之，主播要以产品为中心规划好社群内容，把握社群内容输出的方向，保证社群内容的价值。只有这样，主播才能够通过社群吸引粉丝，将社群发展得更好。

11.2.2　输出有价值：福利+干货

在确定社群内容输出的方向后，主播也要保证社群内容输出的价值。毕竟粉丝都希望能够从社群中获取有价值的信息，只有社群输出的内容有价值，才能够留住粉丝并吸引更多粉丝加入社群。

那么，哪些内容才是有价值的呢？对于粉丝而言，社群中发放的各种福利以及发布的各种与产品有关的知识是有价值的。所以，社群输出内容的价值主要体现在两个方面：福利＋干货。

（1）福利内容

主播可以定时或不定时地为粉丝发放社群福利，如产品优惠券、小礼品等。主播不时输出福利内容能够有效提高粉丝对社群的黏性，让社群得到更好的发展。

（2）干货内容

主播在社群中发布干货内容时，需要以产品为中心，同时也要满足粉丝的需求。例如，主播推销的产品是女装，那么就可以输出一些服装搭配、配饰搭配等方面的干货内容给粉丝。

粉丝加入社群是希望能够从中获得福利、学到知识，主播必须满足粉丝的这些需求。主播在社群中输出有价值的内容才能够使粉丝意识到社群的价值，进而留存和吸引粉丝。

11.2.3 主题多变：紧跟当下热点变换主题

社群具有社交性，正因如此，主播才能够通过社群维护粉丝，用社群带动直播间的销量。社群是一个将有同样目的的粉丝聚集起来的平台，而粉丝在这个平台中的主要活动方式就是讨论、交流。

如果不断讨论同一个话题，那么粉丝很快就会对这个话题失去兴趣。为了持续激活粉丝，经常更换社群讨论的话题是十分有必要的。主播可以一周更换一次话题，并且保证每个话题之间不重复。此外，主播还要保证话题的内容与产品紧密相连。只有这样，主播保持社群活跃性才有意义。主播可以从以下四个切入点出发，挑选适合社群的话题，如图 11-4 所示。

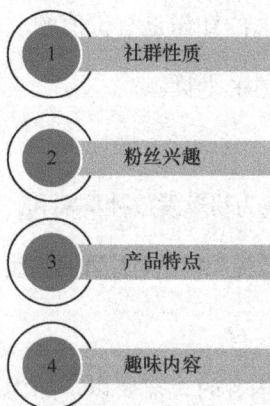

1	社群性质
2	粉丝兴趣
3	产品特点
4	趣味内容

图11-4 挑选社群话题的四个切入点

（1）社群性质

从社群性质出发选择话题，能够在潜移默化中让粉丝改变自己的观念，从而更容易接受主播推销的产品。例如，一位主播推销的是育儿产品，其社群提供的内容也都是与育儿相关的知识。主播在推出一款辅食产品之前，会先发文告诉粉丝喂食婴儿辅食的好处、该什么时候为婴儿添加辅食、该如何选择辅食等。这样一来，婴儿辅食就会引起粉丝的重视。当主播在直播中销售婴儿辅食时，也就会吸引更多粉丝购买。

（2）粉丝兴趣

社群形成的基础就是粉丝的兴趣，因此，主播在挑选社群话题时，需要考虑粉丝的兴趣。粉丝对话题感兴趣，自然会积极参与到讨论中。

要想保证所挑选的话题符合粉丝的兴趣，主播就要对粉丝进行分析研究，包括粉丝的年龄层次、学历层次、所处的地域以及所从事的行业等。在社群粉丝较多的情况下，主播无法保证所挑选的话题符合每一位粉丝的兴趣，但至少要确保话题符合大多数粉丝的兴趣。

（3）产品特点

建立社群的目的是要实现产品销售，因此，主播在选择社群的话题时，要注意与产品相结合。主播可以从产品的特点入手，为产品制造有意义的话题让粉丝讨论，以便让粉丝了解产品，吸引粉丝购买。

（4）趣味内容

趣味性浓厚的话题能够吸引更多粉丝的关注，可以调节社群的气氛，但是这种类型的话题不适合经常使用。因为过多地设置趣味性的话题会分散粉丝的注意力，不利于主播的产品销售。另外，主播要有选择性地使用趣味性话题，更要坚决抵制低级趣味的内容。

总之，与产品密切相关、符合大多数粉丝的审美趣味、顺应时代潮流且兼具趣味性的话题，是主播选择的最优话题。

11.2.4 刺激粉丝输出：保证社群内容的持续输出

社群中输出的内容可大致分为两种，一种是 PGC（专业生产内容），另一种是 UGC（用户生产内容）。对于社群而言，PGC 是主播在社群中输出的专业性内容，而 UGC 则是粉丝在社群中发布的与产品有关的内容，如产品使用反馈、产品测评等。在社群中，UGC 的价值要远大于 PGC，因为 UGC 更能体现社群的活跃程度。

如果社群中只有主播输出内容，无疑会增加主播运营社群的压力。同时，社群也难以长久地发展下去。要想让社群得到更长远的发展，主播就必须刺激粉丝进行内容输出。只有让粉丝参与到内容输出中来，才能让社群获得持久的生命力。

主播要想刺激粉丝输出内容，最直接的方式就是建立一个科学合理的激励制度，以此激励粉丝持续输出内容。主播可以给予输出优质内容的粉丝一些物质奖励，如红包或产品。在物质奖励的刺激下，粉丝的创作积极性也能够被激发出来。

同时，主播也可以通过举办比赛激活粉丝的输出。例如，一位推销女装的主播在最初创办社群时，社群中的粉丝并不活跃。为了活跃粉丝、刺激粉丝输出内容，该主播决定在社群中举办一个返图比赛。

该主播在社群中发布了一个公告："4月1日至4月6日期间，所有粉丝都可以在群相册中发布自己的返图信息，也可以配上自己对衣服的评价或建议。之后将会由所有粉丝共同投票，票数最多的 3 名粉丝将会得到 300 元以内的免单奖励哦！"

公告一经发布，原本沉寂的社群瞬间活跃了起来，粉丝纷纷把自己的返图和试穿体验发送到社群中。通过这个比赛，主播不仅提升了社群的活跃度，还从粉丝的反馈中了解了粉丝的需求。之后，该主播每月都会举办一次返图比赛，同时也鼓励粉丝在社群中分享一些不同风格的服装搭配技巧等，并为输出优质内容的粉丝提供奖励。该主播利用物质奖励成功地刺激了粉丝输出内容，使社群在创建初期获得了很好的发展。

主播需要通过各种方式刺激粉丝输出内容。对于在社群中发布优质内容的粉丝，主播需要给予一定的物质奖励，以便激发粉丝的积极性。主播让粉丝活跃起来，使粉丝持续输出优质内容，才能够让社群长久地发展下去。

11.3　促活：加持社群的生命力

在运营社群的过程中，主播需要开展多种活动激活社群，保持社群的生命力。各种社群活动不仅能够促进粉丝的活跃性，还会不断地为社群吸引新的粉丝，这些都有利于社群的长久发展。

11.3.1　物质刺激，使粉丝热情经久不散

主播为粉丝发放福利是活跃社群的一种有效方法，持续的物质激励能够持续地激发粉丝的热情。社群福利一般包括两种形式：礼品和红包。

许多主播都会在过节时为粉丝发放福利，这能够有效地提高社群活跃度。但为了让社群活跃度能够持续下去，主播就需要不时地在社群中发放福利。例如，在新产品上架时，主播可以随机抽取几位粉丝赠送产品；在购物节前夕，主播也可以在社群中多发放一些优惠券。这样做不仅可以提高社群的活跃度，而且能增强粉丝的黏性。

除了发放各种礼品或优惠券以外，主播直接在社群中发放红包也能够有效提升社群活跃度。在社群中发放红包时，主播还要掌握一些小技巧。

在一次店铺周年庆期间，某店铺的销售额远超去年同期。为了回馈粉丝，店铺主播在社群中发放了数万元的红包。这一举动吸引了许多粉丝，社群立刻活跃了起来。而主播此举也进一步带动了店铺的销量。所以，无论是发放礼品还是红包，主播都应集中火力，保证礼品或红包对粉丝的吸引力，这样才能有效地激活粉丝，使更多的粉丝持续关注社群。

主播在发放福利时除了注重福利的价值以外，还要注重福利的发放时间。以发放红包为例，一些主播会选择在白天发放红包，但白天是粉丝较为忙碌的时间段，在这个时间段发放红包也难以达到激活粉丝的效果。发放福利最合适的时间段一般为晚上 6：00—10：00，这时大多数粉丝结束了工作或学习，有闲暇的时间关注社群信息。

主播在为粉丝发放福利时应该有所侧重，不同的粉丝对社群做出的贡献是不一样的。如果主播给予全部粉丝同样的福利，那么对于活跃度高的粉丝而言是不公平的。活跃粉丝是提升社群活跃度和为主播贡献销售额的主力军，主播需要考虑到这些粉丝的感受。

主播应该为社群里的活跃粉丝准备一些特殊的福利，如直播间里的限定

产品、更多优惠的福利折扣等。例如，某主播就会定期为社群中积极下单并
交流的活跃粉丝发放一些特殊的礼品，包含直播间的爆款产品、限定产品
等。久而久之，这些粉丝都感受到了主播的诚意，纷纷在自己的微博、朋友
圈中为这位主播做推广，使这位主播增加了不少新粉丝。

物质激励能够有效激发粉丝在社群中交流及在直播间中购物的热情。主
播为粉丝发放福利，除了让其获得物质奖励以外，还要让他们感受到主播的
诚意和关心。这样一来，粉丝就会越来越喜欢主播的社群，也会更加关注主
播的直播间。

11.3.2　互动讨论，加强粉丝之间的联系

在社群的运营过程中，提升粉丝的参与感是非常重要的。主播如何才能
提升粉丝的参与感，让他们对社群产生归属感，从而提高他们对社群和主播
的黏性呢？最常用并且最有效的方法就是推出社群话题，让粉丝参与到社群
话题中进行互动。

在设置社群话题时，主播需要注意以下三个方面，如图 11-5 所示。

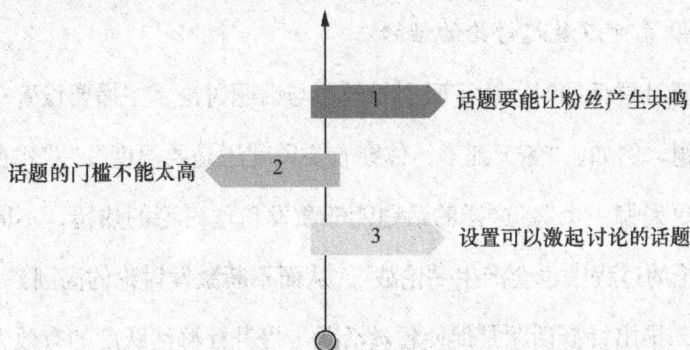

图11-5　设置社群话题的要点

1　话题要能让粉丝产生共鸣

话题的门槛不能太高　2

3　设置可以激起讨论的话题

（1）话题要能让粉丝产生共鸣

主播在设置话题时，要保证话题能够让粉丝产生共鸣，这样他们才会有表达的意愿。例如，主播可以在社群中推出"最适合黄皮肤的口红颜色""学化妆时你踩过的坑"等话题，这类话题可以让粉丝产生共鸣，激发其倾诉的欲望。

在倾诉、交流的过程中，粉丝慢慢会发现原来大家都有过相似的经历，继而讨论、互动也会更加热烈。这样不仅能让社群活跃度得以提升，而且在粉丝的讨论中也可能会产生新的话题，而引起下一轮的讨论高潮。

当然，主播要想挑选出能让粉丝产生共鸣的话题，分析粉丝群体的特性也是一项必不可少的工作。例如，如果社群的粉丝多为在校大学生，那么主播应选择"校园""学习""恋爱""毕业季"等话题；如果社群的粉丝多为职场白领，那么主播应该选择"职场妆容""职场穿搭"等话题。

（2）话题的门槛不能太高

在设置社群话题时，主播要注意话题的门槛不能太高。过于高深、专业的话题往往会让粉丝望而却步，而门槛较低的话题能够让更多粉丝参与到话题的讨论中。

（3）设置可以激起讨论的话题

在设置社群话题时，为了吸引粉丝参与话题讨论，主播要设置一些有讨论点的话题。例如，"冬天到了，你穿衣要风度还是要温度""欧式古典和中式古典你更爱哪一个"。这样的话题能够激发粉丝讨论的热情，不同立场的粉丝在讨论的过程中也会产生"论战"，从而不断激发讨论的高潮。

总之，推出社群话题是促使粉丝活跃、提升社群活跃度的有效方法。参与话题的粉丝越多，讨论得越热烈，越能提高社群的活跃度。因此，在设置社群的话题时，主播要掌握好以上要点，让更多粉丝参与到话题讨论中来。

11.3.3　举办线下活动，面对面交流

主播可以举办一些关于直播的线下活动，把粉丝聚集在一起，加深自己和粉丝、粉丝和粉丝之间的情感交流，面对面地了解粉丝的想法。这有利于主播维护粉丝、优化直播内容，也可以拉近主播与粉丝的距离。

主播在组织线下活动时，需要讲究方法和技巧。

首先，主播要充分调动铁杆粉丝的积极性。铁杆粉丝虽然数量较少，但是他们却能够为主播创造更多的效益。这种效益不仅仅是物质效益，还包括活跃效益。因为铁杆粉丝具有超强的活跃性，能够带动其他粉丝的积极性。所以，主播在组织线下活动时要优先调动铁杆粉丝的积极性，这样才能够把社群里的粉丝凝聚起来。在调动铁杆粉丝的积极性时，主播可以给予一定的奖励，例如，在其购物时为其提供更多优惠等。

其次，活动要能够激发粉丝之间的互动。社群粉丝之间的关系本来就属于弱链接，粉丝之间也只是知道彼此的网名以及一些兴趣爱好等，对于彼此的真实姓名、样貌以及现实生活中的习惯完全不了解。因此，为了让粉丝进行良好的互动，主播需要根据粉丝的兴趣爱好设计一些小活动、小游戏，使粉丝之间尽快熟悉起来。

最后，线下活动要为粉丝创造价值。举办线下活动时，主播要关心粉丝，倾听粉丝的声音，挖掘粉丝的痛点与需求，为他们创造价值。主播需要在线下活动中发放礼品或优惠券，让粉丝得到实实在在的福利，促使粉丝更加活跃。

主播举办线下活动能够拉近自己与粉丝、粉丝与粉丝之间的距离，提高

粉丝的黏性和归属感。主播也可以在与粉丝面对面的交流中了解粉丝的需求，以便优化直播内容。此外，主播在活动中发放的各种福利也能够激发粉丝的购物热情，有利于提高直播间的销量。

11.4 矩阵：社群从1到N的裂变

主播在建立起社群后，要想继续扩大社群规模，就需要进行社群裂变。在进行社群裂变之前，主播首先要分析社群是否已经成熟，同时还要为社群培养优质的 KOL（关键意见领袖）。此外，为了社群更好地裂变发展，保持社群的口碑也是十分重要的。

11.4.1 如何确定社群已经成熟

判断社群是否已经适合扩大规模、进行裂变的关键因素，就是分析构成社群的五大要素是否已经成熟。要想做好这项工作，主播要先了解构成社群的五大要素，如图 11-6 所示。

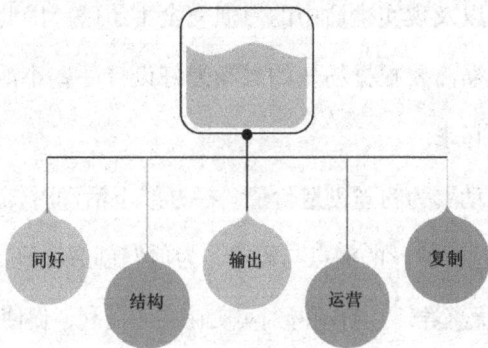

图11-6 构成社群的五大要素

（1）同好

构成社群的第一个要素是同好，是指人们对某种事物的共同认可。例如，主播建立的社群中都是对主播销售的产品感兴趣的粉丝，粉丝之间也有着相似的趣味爱好，这些粉丝会因此形成同好。当粉丝之间的同好足够稳定时，就说明社群在这一方面已经成熟。

（2）结构

结构是构成社群的第二个要素，在很大程度上决定了社群的存活。结构由以下几部分组成：社群成员、交流平台、加入原则、管理规范。如果主播没有对这四个方面进行合理规划，那么就会影响社群的发展。社群必须要有一个或几个可以引导社群价值观的 KOL，他们可以吸引大批粉丝加入社群。而随着粉丝数量的不断增多，社群的入群门槛和社群规则也应逐渐完善，否则就不能保证社群的粉丝质量和社群的正常运营。

由此来看，主播要想建立成熟的社群结构，就需要培养一些能够带领其他粉丝积极下单和发言的 KOL，同时也要建立完善的入群门槛和社群规则。当主播做好了这几方面时，也就意味着社群结构已经成熟。

（3）输出

输出是构成社群的第三个要素，是指社群可以为粉丝提供的价值在很大程度上决定了社群的质量。例如，主播可以在社群中发放产品的优惠券、分享关于产品的干货知识等。

当然，主播个人的输出能力是十分有限的，但社群中不乏产品的铁杆粉丝，他们对产品同样有很深入的了解，也愿意分享自己的小技巧或使用体验。这些粉丝是社群内容输出的主力军，主播要调动他们在社群中输出的积极性。社群有了优质且持续的内容输出，才能够走向成熟。

（4）运营

成熟的运营模式是社群裂变的关键因素，"运营"这个构成要素在很大程度上决定了社群的寿命。主播可以从粉丝的活跃度、凝聚力、粉丝黏性等方面分析社群的运营模式是否成熟。

（5）复制

可复制是实现社群裂变的前提。主播可以从社群的管理规则、运营模式、内容输出等方面判断社群是否能够实现复制。一般情况下，社群规模越大，效益就会越好，这也是主播想要扩大社群规模的主要原因。不过，并不是所有的社群都适合扩大规模。如果主播为了获得更多利益而盲目地扩大社群规模，不仅无法起到好的作用，还会影响社群的正常发展。

因此，在扩大社群规模之前，主播一定要分析构成社群的五大要素是否已经成熟。成熟的社群才可实现裂变，让社群产生更好的效益并获得长远的发展。

11.4.2 KOL是裂变的关键

在打造从 1 到 N 的社群矩阵时，最关键的一步就是挖掘 KOL。KOL 具有很强的影响力和感染力，他们不仅可以引领其他社群粉丝，更代表了整个社群的利益诉求。合格的 KOL 能够对社群中的粉丝产生非常深刻的影响。因此，挖掘并培养 KOL 是主播在实现社群裂变过程中的重要工作。

当然，了解 KOL 的重要性并不代表主播就可以把 KOL 运营好。对于一些主播而言，他们很难确定哪些粉丝能够成为社群中的 KOL。因此，主播挖掘并培养 KOL 的第一步就是了解哪些粉丝在社群中扮演着最关键的角色，思考这些粉丝是否可以成为社群中的 KOL。

主播可以从以下几个方面分析粉丝，挑选合适的 KOL。

（1）粉丝的社群活跃度和活动参与度。

（2）粉丝的下单情况。

（3）粉丝的产品反馈情况及其在社群中的内容输出情况。

主播要选择那些社群活跃度高、积极参加社群互动，并且积极在直播间下单、经常在社群中输出优质内容的粉丝作为社群中的 KOL。因为这样的粉丝通常会被其他粉丝所熟知和信赖。

另外，在挖掘和培养 KOL 的过程中，主播要考虑好 KOL 的数量。通常情况下，在一个 200 人左右的社群中应该有 5～10 位 KOL，这是一个比较合适的数量。因为 KOL 不仅能为社群吸引更多的粉丝，也会增加社群的内容输出。

那么，如何培养 KOL、发挥他们的影响力呢？主播可以组织话题，让 KOL 有机会展现自己的技能，发表自己的看法；也可以为 KOL 制定一些有价值、有影响力的输出内容；还可以对 KOL 的讨论进行重点推送，对他们提出的活动进行重点支持和推广，把他们发表的内容置顶等。

KOL 是社群裂变的关键，社群需要他们引导粉丝的思想和行为。KOL 的数量和质量在很大程度上决定了社群的裂变数量和质量。因此，主播要想实现社群的裂变，就要挖掘并培养数量更多、质量更优的 KOL。

11.4.3　永远保持超预期的口碑

在建立社群的初期阶段，社群里粉丝相对较少，社群的运营也相对简单。而随着社群的发展，粉丝逐渐增多，这时社群的运营就可能会出现问题，而这些问题会引发粉丝对社群的不满。

在这种情况下，如果主播没有对社群进行优化和升级，导致社群的口碑满足不了粉丝的需求，那么就很难留存粉丝，这也会影响社群的裂变发展。所以，主播要想顺利地实现社群的裂变、矩阵化发展，就要让社群永远保持超预期的口碑。在粉丝提出反馈意见时，主播必须要对此予以足够的重视。

主播可以从以下三个方面着手提高和保持社群的口碑，如图 11-7 所示。

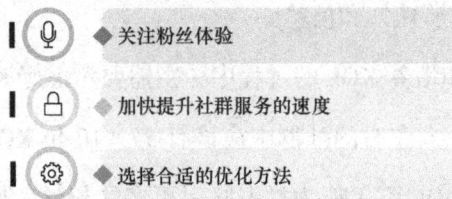

图11-7　提高和保持社群口碑的方法

（1）关注粉丝体验

主播是社群的运营者，但其对社群的认知可能并不全面，也难以及时发现社群中存在的问题。粉丝是社群最广泛的主体，也是主播进行社群运营的直接受众，他们能够更及时地发现社群的不足之处。所以，询问粉丝的意见则能够让主播更全面地了解社群运营中存在的问题。

主播需要通过多种渠道获取粉丝的反馈意见，再从这些反馈意见中发现社群运营的问题和不足，最后对社群服务进行优化升级。如果社群的服务获得了粉丝的认可，社群的口碑自然就会有所提升。

（2）加快提升社群服务的速度

主播需要不断提升社群的服务，而当收到粉丝的问题反馈时，也要加快提升社群服务的速度。例如，某位粉丝在社群服务方面提出了一些问题，但主播并没有放在心上，拖了很久才解决。主播的这种做法就很容易引起粉丝的不满。粉丝对主播不满意，其对社群的好感度也就会降低。在这种情况下，社群口碑自然会受损。

在提高和保持社群口碑的过程中，一些主播因为怕出现失误而行动缓慢，这是十分不利的。主播要保证给予粉丝反馈的速度，这样才能最大程度地让粉丝满意，从而促使他们为社群做宣传，最终达到提高并保持社群口碑的效果。

（3）选择合适的优化方法

在运营社群的过程中，一些主播会把粉丝的意见看得特别重要，只要有粉丝反馈问题，就会在第一时间进行改正或调整。这种做法也是不正确的，因为这除了会让试错成本大大提高以外，还可能会导致越改越错。

在这种情况下，主播要先对社群问题及解决方案进行分析，再选出一个最合适的方法优化社群服务。这样不仅可以降低试错成本，也会提高粉丝对社群的黏性，从而带动社群口碑的传播。

上述三点的共性就是一切都要从粉丝的角度出发。因此，主播要想让社群永远保持高口碑，就要为粉丝提供更加贴心的服务，输出更有价值的内容，促使更多粉丝自发地进行社群宣传。

11.4.4　淘宝主播：通过社群年入百万

2019 年，某销售花茶的淘宝主播通过社群运营创造了年盈利百万元的亮眼成绩。该主播究竟是如何做到的？在直播带货的过程中，其做好了以下三个阶段的工作，如图 11-8 所示。

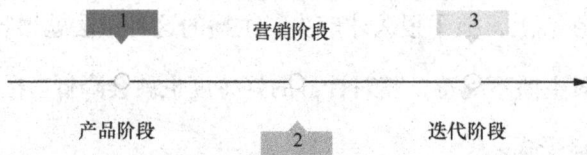

图11-8　花茶店铺的三个发展阶段

（1）产品阶段

选择物美价廉的产品是开展直播带货的重要内容，该主播经过多方挑选，找到了一个产品优质且价格划算的花茶厂家。虽然主播在店铺设置的价格处于同类产品的中间水平，但是其进价却相对较低，能够让主播获得更高盈利。

（2）营销阶段

该主播主要通过社群运营的方式进行产品营销。这个阶段的工作有很多，具体包括以下几项。

①市场工作（社群建立）

·准备与花茶功效有关的内容。

·到贴吧、论坛、微博等平台寻找目标粉丝。

·在渠道内推送内容，以便达到引流的目的。

·对淘宝这个销售渠道进行巩固。

·将花茶免费送给目标粉丝，并附带社群信息。

·设置目标粉丝转化路径。

②运营工作（社群裂变）

·老粉丝介绍新粉丝进入社群，即可获得免费花茶一份。

· 制定一套完善的社群运营规则。

· 定期发放优惠券、举办花茶免费领取活动。

· 准备社群内容，确定主要讨论话题。

· 建立微信公众号进行产品推广。

③转化工作（社群维持）

· 确定免费领取花茶的前提条件，具体为每名进入社群的粉丝均可获赠一份免费的花茶，种类随机。

· 设置微信公众号的关键词回复，具体为：回复1——了解花茶的品质；回复2——了解免费领取花茶的方式；回复3——免费领取花茶，填写具体的收货地址。

（3）迭代阶段

在迭代阶段，主播根据粉丝反馈，对花茶选品、套餐组合等进行更新迭代，使花茶受到更多粉丝的喜爱。在社群运营方面，主播通过不断引入新粉丝、细化社群运营规则、提升社群服务质量、创新社群活动形式等方式不断完善社群运营。

通过社群运营，主播吸引了更多粉丝，许多粉丝在购买了主播店铺的花茶后纷纷表示物有所值并进行回购。因此，主播也获得了更多忠实粉丝。这些粉丝的支持展现了主播运营社群的成效，也是其年入百万的重要原因。

第12章

品牌定位：

打造个人品牌

当前，直播带货行业日趋火热，众多商家、明星纷纷入局。在激烈的竞争中，怎样才能够更好地吸引并留存粉丝，实现产品销售额的持续增长呢？这就需要主播打造好个人品牌。个人品牌能够扩大主播的影响力，提升粉丝的忠诚度，让主播的事业获得更好的发展。

在塑造个人品牌时，主播要打造受欢迎的人设，展示自己与众不同的亮点，形成自己的直播特色。在打造个人品牌的同时，主播也要把握粉丝需求，注重个人品牌的内容输出。形成自己的个人品牌后，主播还要进行有效的宣传推广，扩大个人品牌的影响力。

12.1　打造受欢迎的人设

要想塑造自己的个人品牌，主播首先要打造自己的亮点。主播需要找到适合自己的人设，为自己贴上深入人心的标签，形成自己的直播特色。

12.1.1　打造适合自己的人设

打造人设是形成个人品牌的前提，主播需要根据自身的性格特点、专业技能等打造适合自己的人设。正如"比女生还会化妆的男生"是李佳琦的人设，这个人设符合主播的专业技能和性格，也是粉丝记忆主播的亮点。那么，主播应如何打造最适合自己的人设呢？

首先，主播要寻找自身的辨识度。在打造人设时，主播要对自己有一个清楚的定位："我是谁？我的工作是什么？我凭什么让别人喜欢？"在思考这些问题时，主播要发掘自己有辨识度的几个方面，然后做出进一步分析。外表、性格、特长等都可以成为主播的特点，成为主播打造人设的出发点。

其次，主播要对自己的特点进行大胆挖掘、重复深化。主播需要投入大量的时间挖掘自己的特点，对自己的每一个特点都要进行大胆的尝试，最终选出最让人印象深刻的特点。当确定这个特点后，主播还需要不断深化，通过重复展示使粉丝形成记忆点，让其深刻地了解自己的这个标签。

再次，在结合自身特点确立人设的同时，主播还要充分考虑粉丝的需求，不能够选择偏离粉丝喜好的人设。如果主播无法选定自己最突出的人设，那么也可以根据粉丝的需求确定人设。

例如，徐芳是一名上班族，她在上班之余开设了一个童装淘宝店，并兼职做起了直播销售。同时在直播的过程中，她也会让自己5岁的孩子做童装的展示模特。在打造人设时，"职场女强人"和"卖童装的妈妈"都可以是徐芳的人设。但是，由于其粉丝也多为孩子的家长，这时"卖童装的妈妈"这个人设就会更加贴近粉丝群体，能够拉近徐芳与粉丝之间的距离。

最后，主播要长期坚持自己的人设。主播一旦确立了人设，就不能随意更改，长久地输出同一个人设才能够在粉丝心中留下深刻的印象。为了长期坚持人设，主播在进行每一次直播内容的规划时，都要考虑直播内容是否与自己的人设相符。持续产出与人设一致的直播内容，可以一步步强化粉丝对主播的印象，使主播与粉丝之间的关系更加牢固。

12.1.2 学会给自己贴标签

粉丝进入直播间的目的是购买产品，他们不会花太多时间研究主播是什么样的人。所以，主播要想让粉丝快速熟悉自己，最好的方式就是给自己贴上标签。人设是标签的组合，贴标签能够完善主播的人设。主播需要为自己贴上与众不同的、利于传播的标签，以便吸引更多粉丝，深化粉丝对自身人设的认知。

标签不是主播直接告诉粉丝的，而是通过直播内容呈现出来的。标签要在主播的直播视频中得到全面的体现，才能够加深粉丝对主播的印象。

在为自己贴标签时，主播一定要把握标签差异化的原则。贴标签就是为了让主播能够脱颖而出，如果已有其他人使用了这个标签，那么主播在打造相同标签时则需要耗费更大的精力。这时主播就需要分析自身与其他主播的差异，找出自身的差异性，并以差异性为出发点确定自己的人设。

学习服装设计专业的乔清在毕业之后和几名同学一起建立了服装工作室并开设了淘宝店，店铺里销售的都是工作室设计的服装。在直播带货兴起之后，乔清也顺势申请了直播间，通过直播销售服装。但是一段时间之后，乔清发现自己直播带货的效果并不理想。原因就在于开展直播带货的主播太多了，乔清难以在激烈的竞争中吸引更多粉丝。

经过一番思考后，乔清决定通过贴标签的方式为自己打造人设。服装原创是店铺的亮点，但乔清觉得这个亮点不够接地气，难以吸引大量粉丝。在乔清苦思冥想之际，旁边小猫的两声叫声让她有了主意。

乔清再一次开播了，这次直播吸引了大量粉丝的目光，在两个小时的直播中，直播间的销售额比往日增加了两倍多。而这一切的关键就在于乔清设计了直播间的标题——"卖衣服养主子的铲屎官"。"主子"是当下青年对宠物的调侃，而"铲屎官"则是对自己的调侃。乔清的这种调侃不仅具有趣味性，而且还为自己打造了标签。

乔清直播间的主要受众是青年，而当下养宠物、成为"铲屎官"的青年也越来越多，乔清为自己设立的标签很容易吸引这些青年的目光。在设立这个标签后，乔清的直播间里也总会出现小猫乖巧的身影，乖巧可爱的小猫又为直播间吸引了一波人气。

乔清的案例表明，即使越来越多的主播都开始打造自身人设，但差异化永远是制胜的法宝。主播需要打造适合自己的人设，并通过贴标签的方式强化人设。人设与标签搭配在一起，能够让主播在粉丝心中留下深刻印象，慢慢形成主播独特的风格。

12.1.3　打造无法复制的直播亮点

主播要想为自己打造一个受欢迎的人设，就必须让自己的人设更加独特，更加符合粉丝的需求。很多主播缺乏经验，喜欢打造和其他主播同样的人设。这样难以体现个人特色，也容易使粉丝产生审美疲劳，难以形成深刻的印象。

要想在众多同行中脱颖而出，打造专属的、无法复制的直播亮点十分重要。主播可以从以下三个方面打造直播亮点，如图 12-1 所示。

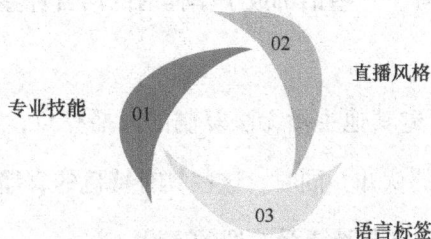

图12-1　主播如何设计直播亮点

（1）专业技能

主播可以根据自身的专业技能打造直播亮点。例如，主播可以在直播中展现自己的化妆技巧、服装搭配技巧等，在为粉丝推荐数码产品时也可以对产品进行专业测评。主播在直播中展现自己的专业技能，不仅可以为自己打造专业过硬的标签，也能够形成直播的亮点，加深粉丝对主播的印象。

（2）直播风格

主播可以通过直播风格打造亮点。虽然都是在直播中推销产品，但不同性格的主播会在推销产品的过程中形成不同的直播风格。例如，一些主播个性风趣幽默，在介绍产品时也能够将产品介绍讲成段子，这使直播间的气氛十分轻松，粉丝也十分活跃。

除了风趣幽默之外，主播在直播的过程中设计有趣的情节、使用方言进行直播等，都会形成主播的直播风格。主播的直播风格越独特，越能够吸引更多粉丝的关注。

（3）语言标签

主播具有个人特色的语言标签也能够成为直播的亮点。例如，李佳琦在对产品试用效果感到满意时都会喊一句"oh my god"，在提醒粉丝下单时都会强调"所有女生"等，这些话都成了李佳琦的语言标签。因此，粉丝也对其印象更加深刻。

主播在直播中打造其他主播无法复制的直播亮点，能够完善自己的人设，加深粉丝对自己的认知。同时，这些具有特色的直播亮点也能够使主播更受粉丝欢迎，帮助主播打造更受欢迎的人设。

12.1.4 打造自身直播特色："所有女生"的魔力

直播带货市场的竞争是粉丝资源的竞争，为了吸引更多粉丝的关注，主播要通过人设打造自身直播的特色。那么，主播可以从哪些方面打造直播的特色呢？语言、动作、专业技能等都可以成为主播直播的特色。

在 2019 年"双十一"的预热场上，金句频出的"口红一哥"李佳琦又以"所有女生"这一口头禅调动了直播间粉丝的购物热情。"所有女生，所有女生，听我的，一定要买下它，3、2、1。"李佳琦的喊话仿佛有魔力，会让粉丝忍不住随着他的号召下单，每件产品在放上链接约 1 分钟后就会销售一空。而经过这次直播，"所有女生"继"oh my god"之后，也成了李佳琦独具特色的语言标签。

那么，李佳琦是如何通过独特的人设来打造直播特色的呢？主要表现在以下三个方面，如图 12-2 所示。

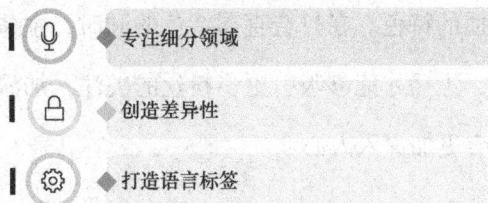

図12-2 李佳琦的直播特色

（1）专注细分领域

在直播带货之初，李佳琦以"口红"这个细分美妆产品定位了自己直播带货的产品。即使现在李佳琦也会在直播间推销其他种类的产品，但美妆产品尤其口红依然是李佳琦推销的主要产品。这种专注于细分领域的特点形成了李佳琦直播的特色。

（2）创造差异性

美妆类的直播有很多，而李佳琦的成功之处就在于他创造的差异性。相比女性主播推销美妆产品，男性主播推销美妆产品更能吸引粉丝的关注，李佳琦的性别就为他带来了差异性。同时，虽然身为男性美妆主播，但是李佳琦皮肤白皙，唇形也很好看，涂什么口红都有很好的效果。这些差异性都形成了李佳琦的直播特色。

（3）打造语言标签

李佳琦在口红试色的过程中，对于好的产品，他一定会惊呼"oh my god"，然后让粉丝"买它"，这样的语言极具感染力。后来，李佳琦又多了一个独具特色的语言标签——"所有女生"。所以，语言标签也是其直播的

185

重要特色。

对于主播而言，打造直播特色可以从多方面入手，语言、动作、专业技能等都可以形成直播的特色。在打造直播特色的同时，主播也要突出直播的差异性。只有这样，主播才能够吸引更多粉丝的关注，加深粉丝对自己的印象，主播的人设才会更加深入人心。

12.2　重视粉丝：维护好个人品牌的受众

粉丝是主播个人品牌的受众，在打造个人品牌时，主播需要关注粉丝需求，做好粉丝管理，让更多粉丝了解自己。主播必须认识到粉丝对于个人品牌打造的价值，积极引导粉丝宣传自己的个人品牌。

12.2.1　粉丝重塑个人品牌

美国知名学者凯文·凯利曾提出过"一千个铁杆粉丝"理论，即创作者要想以创作谋生，只需要获得一千个铁杆粉丝。同时，他还认为，对于铁杆粉丝而言，无论创作者创造出什么样的作品，铁杆粉丝都会愿意买单。

由此可见，粉丝的价值是巨大的。主播在打造个人品牌的过程中也需要粉丝的支持，粉丝的价值主要体现在以下两个方面。

（1）分享转发

粉丝是主播最坚定的追随者，他们认可主播所推销的产品，喜爱主播的直播风格，同时还会分享转发与主播有关的消息。粉丝的分享转发会为主播带来更多关注度和曝光度。主播要想激发粉丝的分享转发，就需要向粉丝输出高质量的内容，为粉丝提供价值。此外，主播也要不断提升自身的能力，用人格魅力吸引粉丝。

（2）终身留存

粉丝的价值还体现在终身留存方面。主播在衡量粉丝的价值时，不能只看当下，更应考虑到粉丝的留存在未来产生的巨大价值。老粉丝是主播不可忽视的中流砥柱，与维护一个老粉丝相比，获得一个新粉丝的成本要更高。在看重内容和服务的当下，要想更好地维护老粉丝，主播就要为其提供高质量的内容和贴心的服务。

粉丝的价值是巨大的，主播要发展更多粉丝，让他们了解到自己的个人品牌，并宣传自己的个人品牌。在粉丝的宣传下，主播会获得更多曝光度，这对于主播个人品牌的建立和推广而言都十分重要。

12.2.2　吸引粉丝的目光

个人品牌营销的终极法宝是吸引粉丝的目光。为了进一步优化营销的效果，主播需要了解粉丝的特点，如图 12-3 所示。

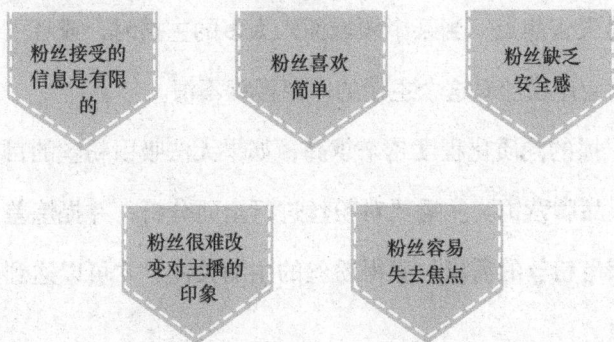

图12-3　粉丝的特点

187

（1）粉丝接受的信息是有限的

在信息爆炸的当下，粉丝只愿意接受自己感兴趣的信息。在面对大量的主播时，粉丝只会记住其中极少的一部分。因此，主播要打造自身差异性，吸引粉丝的目光。

（2）粉丝喜欢简单

粉丝每天要接触大量的信息，精炼明了的内容对其更有吸引力。因此，主播在进行个人品牌营销时，要做到突出核心优势，展现最优亮点。

（3）粉丝缺乏安全感

由于粉丝在购买产品时会面临诸多风险，所以他们会十分缺乏安全感，大多数粉丝更愿意选择其他粉丝购买过且给予好评的产品。因此，优质的产品、粉丝的好评及推广都能够帮助主播吸引更多粉丝的目光。

（4）粉丝很难改变对主播的印象

粉丝对主播的印象自形成后就很难改变。因此，如果一开始主播打造的个人品牌不够突出或产生了某些负面影响，再让粉丝改变是非常困难的。

（5）粉丝容易失去焦点

粉丝容易失去焦点，当某个领域涌入太多的主播时，或者主播身上有太多的标签，都会让粉丝对这个主播的印象模糊不清。

目前，主播的同质化程度越来越高，如果无法吸引粉丝的目光，主播就无法实现个人品牌营销。主播要对粉丝进行全面分析，并提炼差异化的粉丝需求，充分满足粉丝的需求，赢得粉丝的主动关注，才可以达到更好的个人品牌营销效果。

12.2.3 管理粉丝情绪

主播和粉丝之间存在一种以产品及人格魅力为基础的情感连接，这种情感连接的强弱能够反映粉丝对主播的忠诚度。主播需要通过管理粉丝情绪，加深自己与粉丝之间的情感连接，提高粉丝对自己的忠诚度。

在与粉丝进行交流互动的过程中，粉丝可以感受到主播的情绪。如果主播无法控制自己的情绪，就会在很大程度上损耗粉丝的喜欢和支持。因此，对于主播而言，学会控制自己的情绪是十分有必要的。

除了控制自己的情绪以外，主播还应该重视粉丝的情绪引导，通过引导粉丝情绪加深自己与粉丝的情感连接。那么，如何引导粉丝的情绪呢？主播可以从以下三个方面着手，如图 12-4 所示。

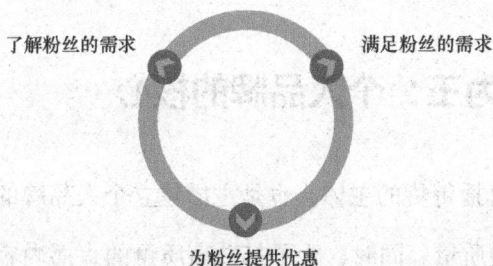

了解粉丝的需求　　满足粉丝的需求

为粉丝提供优惠

图12-4 引导粉丝情绪的技巧

（1）了解粉丝的需求

粉丝对主播是有需求的，这个需求就是主播引导情绪的法宝。所以，主播必须重视粉丝的需求，充分了解粉丝对产品及直播内容的意见。这不仅有利于引导粉丝的情绪，还有利于为主播树立负责任的形象。

（2）满足粉丝的需求

了解了粉丝的需求后，主播还要设法满足粉丝的需求。例如，当粉丝对主播的售后服务提出意见，表示主播不完善的售后服务影响了自己的购物体验时，主播就需要根据粉丝的需求完善售后服务并及时给予反馈，以此引导粉丝的情绪。

（3）为粉丝提供优惠

为粉丝提供优惠是主播引导粉丝情绪的有效手段。这不仅可以化解粉丝对主播的不良情绪，还能够激发粉丝的购物热情。

主播能否获得更多粉丝的关注，能否更好地留存粉丝，在很大程度上取决于主播是否正确引导了粉丝的情绪。主播引导好粉丝的情绪，能够加深自己与粉丝之间的情感连接，提高粉丝的忠诚度。有了越来越多忠诚粉丝的支持，主播的个人品牌才能够真正建立起来。

12.3　内容为王：个人品牌的核心

产品是主播直播带货的主体，也是主播建立个人品牌的基础，所以主播必须要保证产品的质量。同时，为了打造高质量的直播内容，主播也要不断地提高自己的专业性，以便吸引更多粉丝的关注。在直播之外，主播也要做到专业内容的持续输出，不断强化个人品牌。

12.3.1　产品是建立个人品牌的基础

主播要重视自己所推销产品的质量。产品质量好，不仅能够为主播打造"质量有保证"的标签，而且能够进一步巩固主播的个人品牌。如果主播推销的产品存在问题，那么主播的个人品牌自然也无从建立。即使主播已经建立了个人品牌，也会对其个人品牌造成不良影响。

刘莹是一位推销化妆品的主播，经过两年多的经营，她的直播间已经拥有了 20 多万的粉丝，其本人也建立了"刘莹推荐，质量看得见"的标签。刘莹每次直播时都会有众多新老粉丝前去观看，许多粉丝都十分信赖她推销的产品。

然而，最近刘莹的直播却发生了意外。在某次直播中，刘莹向粉丝推荐了一款粉底液，并讲明其特点是不脱妆。经过她的热情推荐，许多粉丝都纷纷下单购买了这款粉底液。但是，粉丝在使用这款粉底液时却发现效果并不好，上妆 1 小时左右就会出现脱妆的现象，这和刘莹在推销产品时讲的不脱妆大相径庭。问题发生后，许多粉丝纷纷在刘莹的直播间发表负面评论，甚至有一些粉丝表示再也不会购买刘莹推销的产品了。

得知情况后，刘莹第一时间为这些粉丝退了款，并将处理结果及道歉声明发布在微博上。而且，刘莹还专门开了一次直播，对粉丝表达歉意，并表示自己以后会更加严格地挑选产品。虽然刘莹及时处理了这件事情，但还是对她的声誉造成了很大影响，其直播间也因此减少了几万名粉丝。更严重的是经此一事，她再也不能用"刘莹推荐，质量看得见"这个标签了，个人品牌受到了严重的打击。

对于主播而言，保证产品的质量是建立个人品牌的基础。如果主播难以保证产品的质量，那么个人品牌也就没有生根发芽的土壤。因此，要想成功地打造个人品牌，主播必须严把产品的质量关，对于直播间的每一件产品都要进行质量检测。在进行直播之前，主播也要通过试吃、试穿、试用等方式切实地感受产品的质量和功效。只有保证了产品的质量，主播建立的个人品牌才会有根基。

12.3.2 打造自身专业性：建立个人品牌的有力武器

除了保证产品的质量以外，主播还要打造自身的专业性。内容输出是打造个人品牌的有效手段，为了保证输出的专业性，主播需要不断学习专业知识。当主播具备了专业性时，所输出的内容就会带有一定的个人特色。别具一格的内容会给粉丝留下更加深刻的印象，而这也将推动主播个人品牌的打造。

那么，主播应如何打造自身专业性呢？

首先，主播应对自己的直播间和产品有清晰的认知。直播间的定位是什么，受众有哪些，直播间的明星产品是什么，不同的产品有哪些不同的特点？这些都是需要主播仔细研究的问题。

其次，主播还要掌握与产品有关的知识。例如，如果主播推销的是化妆品，那么除了了解化妆品的功效以外，主播还要掌握一定的化妆技巧；如果主播销售的是服装，那么除了向粉丝展示服装的卖点以外，主播还要掌握不同服装的穿搭、清洗等技巧。

在输出内容的过程中，主播的专业性是保证内容质量的必要条件。因此，对于想要打造个人品牌的主播而言，夯实自己的专业知识是非常有必要的。当粉丝知道主播是领域里的"小专家"以后，自然就会对主播产生信任感，而这种信任感也会延伸到主播推销的产品上。

12.3.3　持续输出：强化个人品牌的必要手段

在打造个人品牌的过程中，输出专业性的内容是十分重要的。纵观李佳琦、薇娅等知名主播输出的内容，全都带有非常浓厚的专业色彩。个人品牌的建立是一个漫长的过程，主播更要保持专业内容的持续输出。持续输出专业性内容并不是一件简单的事情，主要体现在以下三个方面。

第一，专业知识储备枯竭是许多主播都会面临的问题。无论主播的专业能力有多强，如果不及时进行"充电"，总会有江郎才尽的一天。在进行内容输出最开始的阶段，很多主播都可以输出大量的高质量内容。但当专业知识储备用完时，就会立刻出现断档，这会对个人品牌的打造产生严重影响。

第二，没有灵感也是一个巨大的挑战。灵感是不稳定的，可能会在不经意间突然出现，也可能在主播苦思冥想后依旧毫无踪迹。如果主播没有灵感，那么就难以输出高质量的内容。

第三，主播的专业知识缺乏系统性。随着时间的推移，主播的内容输出会进入另一个阶段，即内容的碎片化越来越严重。这样导致内容输出缺乏系统性，质量也难以保证。

那么，主播应该采取哪些策略避免上述问题的出现呢？主播必须收集与产品有关的海量主题，不断提升自己的专业性。

收集主题能够为主播打造竞争优势。例如，一位主播收集了大量主题，为内容输出提供了坚实的保障，而另一位主播的主题十分匮乏，久而久之，两位主播的差距就会变得越来越大。因此，为了保证输出内容的质量，主播需要不断地收集主题。

同时，根据所推销的各种产品，主播需要了解不同方面的专业知识。产品不断更新换代，主播的专业知识也要不断更新，以此提升输出内容的专业性，从而深化个人品牌。

专业性成就高质量的内容。主播必须具备与产品同步的专业性，然后通过内容输出展现专业性，同时还要保证专业内容输出的持续性，这样才有利于个人品牌的建立和传播。

12.4 学会推广自己

对于主播而言，个人品牌的打造只是第一步。要想让个人品牌发挥作用，拉动直播间的销售额，还要做好个人品牌的推广工作。在进行个人品牌推广时，主播要借助社交平台的力量。而在利用热点推广个人品牌时，也要把握好借势的时间节点。

12.4.1 社交平台互动：加强个人品牌推广的力度

在打造好个人品牌之后，主播还需要做好个人品牌的推广，让更多人了解自己，成为自己的粉丝，为直播间吸引更多流量。在直播间之外，主播若要进一步推广自己，吸引更多流量，就需要充分发挥社交平台的力量。

社交平台能够为主播提供多种多样的互动形式，无论是朋友圈里的点赞评论、微博上的分享转发，还是微信群、QQ 群里的话题讨论，都是互动的有效形式。

在社交媒体崛起的当下，主播个人品牌的打造和推广都离不开与粉丝的互动。为了能够深入粉丝的内心，建立信任优势，主播需要充分利用微博、微信、QQ、贴吧等社交平台，与粉丝进行多方面的互动。需要注意的是，主播与粉丝的互动并不一定是有效的，这需要主播掌握与粉丝互动的技巧，保障互动的有效性，具体包括以下三个方面，如图12-5所示。

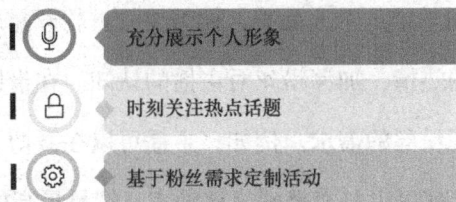

图12-5 与粉丝互动的三个技巧

（1）充分展示个人形象

在与粉丝进行互动时，主播要注意个人形象的展示。例如，如果主播身上已经有"穿搭小能手""仿妆高手"等标签，在与粉丝进行互动的过程中，主播就需要抓住机会展现自己的优势，加强粉丝对自己的认知。

（2）时刻关注热点话题

主播在与粉丝进行互动时，要时刻关注热点话题。借助热点话题，在社交媒体中巧妙植入与热点有关的信息，能够引起广大粉丝的关注和转发，有利于达到"口碑炸裂"的效果。

例如，当电视剧《庆余年》热播时，主播年年就在微博上发布了《庆余年》女主角林婉儿的仿妆教程。借助《庆余年》的热度，该微博立刻引起了众多粉丝的评论和转发。许多粉丝都对年年的化妆技术惊叹不已，而年年也通过回复粉丝评论与粉丝进行了良好的互动。

年年通过发布仿妆教程，不仅借热点与粉丝进行了积极的互动，还吸引了更多新粉丝。通过这次互动，年年"仿妆高手"的名声得到了推广，其个人品牌也得到了进一步的深化，而这也最终带动了年年直播间化妆品销量的上升。

（3）基于粉丝需求定制活动

主播要想针对粉丝推广个人品牌，就需要依据粉丝需求定制活动。这样才会激起粉丝互动的热情，加深粉丝对主播的认知。在借助社交平台开展活动时，主播需要把握粉丝的需求。例如，主播可以在微博上设置转发抽奖的活动，而活动的奖品就可以是直播间好评最多、销量最高的明星产品。

总之，在主播与粉丝进行互动的过程中，社交媒体是一个必不可少的工具。主播利用好这个工具，不仅可以挖掘并满足粉丝的需求，还可以优化自身的形象，使自己的个人品牌更加稳固并扩大影响力。

12.4.2 紧扣时间和节点要素

在推广个人品牌时，主播需要抓住时机、巧借热点。热点即近期发生并且具有极大影响力的事件。主播需要洞察热点并抓住时机，顺应大环境，搭上热点的"顺风车"，提升个人品牌的影响力。

热点是转瞬即逝的，主播要想利用热点推广个人品牌，就需要把握热点的时间节点。那么，主播在借热点推广个人品牌时，需要把握哪些时间节点呢？

（1）热点发生前的12小时内

有一些热点是可以预料的。例如，各大手机品牌在召开新品发布会之前都会提前发布消息，主播可以提前分析热点、准备文案。

（2）热点发生后1小时内

热点发生后的1小时内是主播借势推广个人品牌的黄金时期。例如，主播在这个时期发出融合热点的直播宣传海报，能够获得更多人的分享转发，吸引更多人关注自己的直播。在这个时期，主播借势推广的速度越快，产生的推广效果就会越好。

（3）热点发生后6小时内

热点发生后的6小时内也是主播借势推广个人品牌的良好时机。虽然这个时候热点已过去了一段时间，但主播还是可以利用创意营销实现个人品牌的推广。如果主播的推广方案做得足够好，也会有机会出奇制胜。所以，在这个时期进行借势推广的关键就在于创意。

（4）热点发生后6～12小时

主播在热点发生后的6～12小时进行个人品牌的借势推广已经十分困难，这时仅依靠创意进行借势推广已经不能很好地吸引众人的目光了，还要有强大的资源支持。这对于主播的要求是十分严格的。

（5）热点发生后12～24小时

在热点发生后的12～24小时这个时间段中，热点的热度已经逐渐消退，成为过去式，关于热点的创新层出不穷，借势推广的效果不复存在，主播也就不必再借助这个热点推广个人品牌了。

因此，在进行个人品牌的借势推广时，主播一定要抓住时机，紧扣热点的时间节点，抢占先机。主播借势推广的动作越迅速，越能够实现更好的推广效果。

12.4.3 销售达人：让自己成为粉丝买单的风向标

"哈喽，各位铲屎官，冬天就要来了，快为心爱的主子换上温暖的衣服吧！"早上9点，思思刚刚开播，就吸引了大批粉丝进入直播间。由于那一天是立冬，思思就以"冬季新款"为主题，为各位粉丝介绍直播间新上的宠物服装。

在2小时的直播中，思思展示了40多种宠物服装，包括各种风格的日常服装，以及领结、帽子等配饰。每次思思介绍完一种产品并放上链接后，都会引发粉丝的购物热潮。而思思在直播中介绍的许多服装都成了直播间销售的爆款。那么，思思是如何成为销售达人的呢？

作为主播的思思，同时也是一名资深"铲屎官"，她养了两只乖巧可爱的奶牛猫。而在她开始直播带货之后，两只奶牛猫也尽职尽责地承担起了模特的任务。在做"铲屎官"的几年中，思思积累了大量养宠物的经验，同时她也热衷于为猫咪装扮。

在直播的过程中，思思会着重介绍这些衣服的质量，并表示自己的猫咪都是穿的这些衣服，这为思思吸引了不少粉丝。在介绍产品时，思思也会介绍不同衣服有趣的穿搭及衣服的清洗注意事项等。同时，思思还会积极地与粉丝进行互动。一些粉丝会询问养猫咪过程中需要注意的问题，思思对这些问题也会耐心地回答。

经过一段时间的经营，思思的直播间积累了20多万个粉丝。许多粉丝都知道这位"资深铲屎官"，也知道她有两只乖巧可爱的奶牛猫。

2019年10月，网红猫"点点"爆红网络。随后，思思在直播间也为粉丝送出了惊喜："哈喽，各位铲屎官，今天我们有一位新朋友来到了直播间哦。"而粉丝发现这位新朋友就是"点点"。在这次直播中，除了直播间的固定模特——两只奶牛猫之外，"点点"这位不太配合的模特也穿上了直播间的新品衣服。"点点"所穿的这款衣服无疑就成了本次直播的爆款产品。

这次直播不仅拉动了思思直播间的销量，同时也使更多人了解到了这位"资深的铲屎官"，思思的直播间也在短短一周之内上涨了 5 万粉丝。思思又借机在直播间、微博、微信等平台进行多次宣传，举办各种活动，进一步宣传了自己的个人品牌。

现在的思思俨然已经成了销售达人，她在每次直播中重点介绍的产品必然会是当天直播间的销售冠军产品。而且，思思通过个人标签的建立、个人品牌的宣传推广成功地让自己成了粉丝买单的风向标。

对于其他主播而言也是如此，主播需要严把产品质量关、展示自身专业技能、为自己打造个性标签，并结合热点不断宣传自己。只有通过这样的方式建立个人品牌并不断推广，主播才能够引导粉丝的选择，成为粉丝买单的风向标。

联合发起人

姓　名：陈翠蓉

公　司：几界形象搭配学院

职　位：创始人

座右铭：无论什么年龄都要做最好的自己

姓　名：周巧英

公　司：佛山市唯优携图电子科技有限公司

职　位：股东兼监事

座右铭：聚焦才会让自己专注，专注才会专业

姓　名：王为民

公　司：广东法制盛邦律师事务所

职　位：高级合伙人

座右铭：为民即为己

姓　名：吴美花

公　司：广州恩点贸易有限公司

职　位：股东

座右铭：活着不是为了让所有人喜欢，而是为了对爱自己的人负责

姓　名：陈才玲

公　司：三亚湾仔渔港餐厅

职　位：经理

座右铭：人一定要有梦想，万一实现了呢

姓　名：李东霞

公　司：海南嘉房网房产销售有限公司

职　位：创始人

座右铭：人生不设限，今天的我一定比昨天的我优秀

姓　名：伍彦红

公　司：杭州联优亿购网络科技有限公司

职　位：服务商

座右铭：天生我材必有用

姓　名：李苡溙

公　司：北京伊宅购股份有限公司

职　位：总经理

座右铭：慢生活是一种生活态度，是对人生的高度自信，是一种旅行方式

姓　名：邝秤爱

公　司：东莞市大朗世荟萄源酒庄

职　位：创始人

座右铭：世上无难事，只要肯攀登

姓　名：刘海珠

公　司：广州市沃瓦德国际贸易有限公司

职　位：董事长

座右铭：上善若水，厚德载物；爱出者爱返，福往者福来……

姓　名：帅艳

公　司：中创·她时代生物科技有限公司

职　位：创始人

座右铭：能力来自于更多的选择，智慧源自于多角度的视野

姓　名：汤颖虹

公　司：佛山市诚辉会计师事务所

职　位：副所长

座右铭：诚信铸就辉煌

姓　名：文静

公　司：中创·她时代生物科技有限公司

职　位：创始人

座右铭：不乱于心，不困于情，用自己想要的方式过一生

姓　名：李艳梅

公　司：东莞宏浚汽车服务有限公司

职　位：总经理

座右铭：最好的投资是投资自己的成长